杨式太极八段锦

庞大明 主 编

王海欣 伏广义 李 军 副主编

河南科学技术出版社

·郑州·

图书在版编目（CIP）数据

杨式太极八段锦 / 庞大明主编；王海欣，伏广义，李军副主编. -- 郑州：河南科学技术出版社，2025. 5.
ISBN 978-7-5725-2046-4

Ⅰ. G852

中国国家版本馆CIP数据核字第2025ZM2215号

出版发行：河南科学技术出版社
地址：郑州市郑东新区祥盛街 27 号　　邮编：450016
电话：（0371）65737028
网址：www.hnstp.cn
出 版 人：乔　辉
策划编辑：董　涛
责任编辑：董　涛
责任校对：耿宝文
封面设计：王留辉
责任印制：徐海东
印　　刷：河南新达彩印有限公司
经　　销：全国新华书店
开　　本：720 mm×1 020 mm　1/16　　印张：5　　字数：200千字
版　　次：2025年5月第1版　　2025年5月第1次印刷
定　　价：35.00元

前言

foreword

八段锦是历史悠久、普及度高、科学研究十分充分的传统项目，也是我国古代导引术体系中动作相对规范、系统性较强的养生功法。“八段锦”之名，最早出现在南宋洪迈所著《夷坚志》中：“政和七年，李似矩为起居郎……尝以夜半时起坐，嘘吸按摩，行所谓八段锦者。”

八段锦中的“八”字，不是单指段、节或者动作的数量，是表示其功法有多种要素，相互制约，相互联系，往复循环。

八段锦中的“锦”（錦）字，是由“金”“帛”两字组成，有“精美、华贵”之意。除此之外，“锦”字还可理解为单个导引术式的汇集，如丝锦那样连绵不断，是一套完整的健身方法。

八段锦有南派和北派之分，还有文武之别。坐式八段锦为南派八段锦，也称文八段锦；立式八段锦为北派八段锦，也称武八段锦。少林八段锦、太极八段锦出现后，有人就把坐式八段锦、立式八段锦称为文八段锦，少林八段锦、太极八段锦称为武八段锦。

文八段锦主要是以导引、养生健身为目的。武八段锦不仅有导引、养生健身之功效，同时具备提高武术攻防技能的功效。

少林八段锦是从少林寺的“易筋经”功法中抽出的八段精华动作演变而来。太极八段锦是从“杨式太极四路炮捶”功法中抽出两路八段动作演化而成。

“杨式太极四路炮捶”是《太极十三势行工法》中《太极迎敌行工法》的一部分，也是《太极十三势行工法》中《太极丹田行工法》和《太极缠丝行工法》的重要组成部分。其架势开展，姿势低，速度快，运动强度大，不利于普及和推广，一般太极拳爱好者只能望而叹之。

有很多太极拳爱好者，从很远的地方来找我，想学“杨式太极四路炮捶”，欲提高太极拳技击方面的功夫。初期信心百倍，但学练过程中大部分都打了退堂鼓，少数勉强学成的学员回去后也难以坚持练习。

为了能把优秀传统文化传承下去，从“杨式太极四路炮捶”抽出两路，把架势改紧凑，动作调高，速度变慢，运动强度减小，即为“杨式太极八段锦”，这样老少皆宜，利于普及和推广。这不但为太极健身增添了一个新的套路，同时也能满足太极拳爱好者对太极拳的应用需求。当太极拳爱好者把这套杨式太极八段锦练熟后，可以根据个人的实际承受能力把架势、动作幅度逐渐调大调低，把速度变快，再加上发劲，既可以健身，又可以迎敌，这就是推出这套杨式太极八段锦的主要目的。

主编

2024 年 10 月

目录

contents

一 筑基功

动作讲解

1. 预备势

动作：两脚左右分开，距离与肩同宽，两脚尖朝前，为开立步。两掌自然下垂贴于两胯旁，掌心向内，指尖朝下。身体自然直立，头宜正直，内含顶劲，嘴自然闭合，舌顶上腭。含胸、拔背、松腰胯。眼向前平视（图 1-1）。

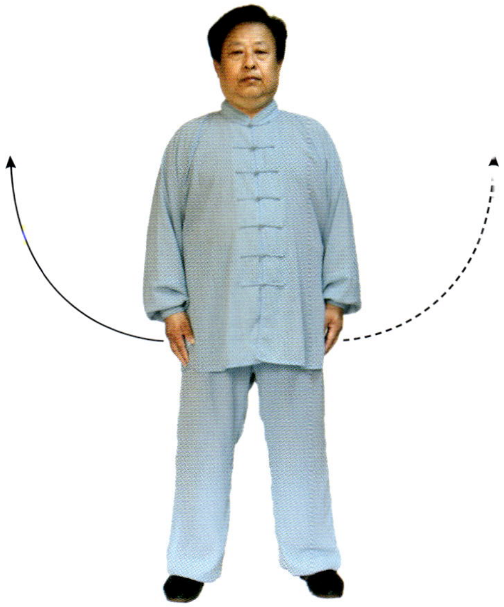

图 1-1

2. 金刚捣碓

动作一：两手由左右两侧向上平举，掌心向上，指尖各朝左右，高与肩平；眼向前平视（图 1-2）。

动作二：重心移于左腿踏实；右脚提起，脚尖自然下垂；同时，两手继续向上举，左手为掌，右手随向上举由掌变拳；眼向前平视（图 1-3）。

动作三：右脚用力踹地，屈膝下蹲，重心落于两脚，均力踏实；同时，两手弧形由胸前向下落，右拳用力砸在左手掌内，使两手抱在一起，高与腹齐；眼向前平视（图 1-4）。

图 1-2

图 1-3

图 1-4

3. 丹田功

动作一：重心不变，成站立姿势；两手自左右两侧弧形向上平举，掌心向上，指尖各朝左右，高与肩平；吸气；眼向前平视（图 1-5）。

动作二：重心不变；两手向上举过头，十指相对，掌心向下；吸气；眼向前平视（图 1-6）。

动作三：重心不变；两掌由胸前向下按，十指相对，掌心向下，高与腹齐；吸气；眼向前平视（图 1-7）。

动作四：重心不变；由前俯身向下弯腰；同时，两掌向下按，十指相对，掌心向下，向下按的幅度因人而异，以本人感觉舒适为度；呼气；眼视两掌（图 1-8）。

图 1-5

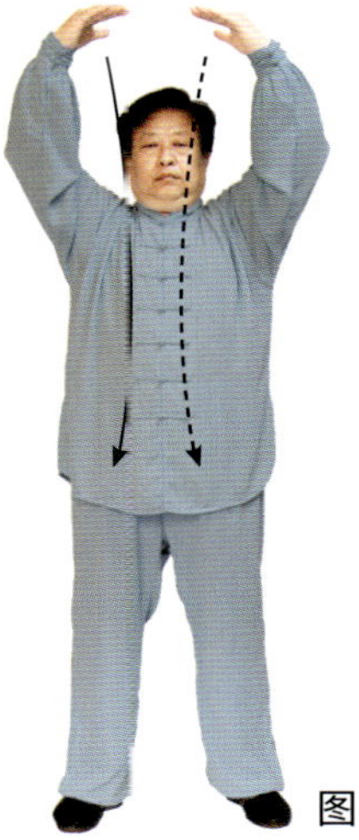

图 1-6

图 1-7

图 1-8

动作五：重心不变；腰向上直起；同时，两掌由左右两侧弧形向上平举，掌心向上，指尖各朝左右，高与肩平；吸气；眼向前平视（图 1-9）。

动作六：重心不变；两手向上举过头，十指相对，掌心向下；吸气；眼向前平视（图 1-10）。

动作七：重心不变；两掌由胸前向下按，十指相对，掌心向下，高与腹齐；吸气；眼向前平视（图 1-11）。

说明：动作一至七做 1 遍为第 1 个循环，然后动作三至七做 7 遍为第 2 ～ 8 个循环，共做 8 个循环。

图 1-9

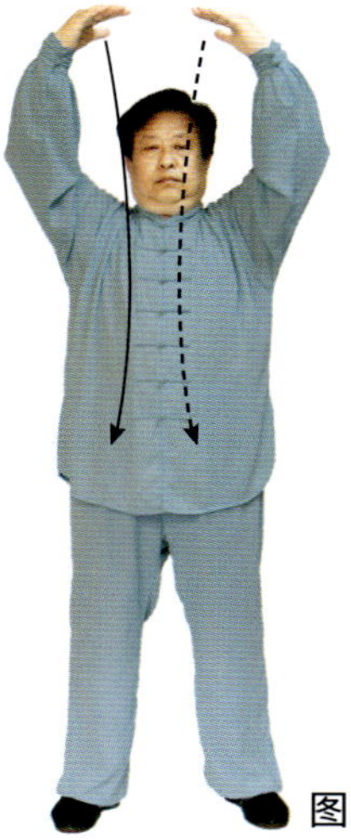
图 1-10

图 1-11

4. 收势

动作一：接“丹田功”动作七（如图 1-12），将两手下按至两胯旁，掌心向下，指尖朝前（图 1-13）。

动作二：两腕放松，还原为“预备势”（图 1-14）。

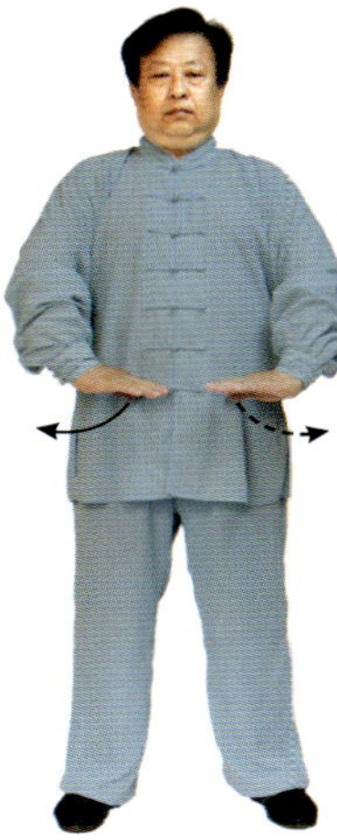

图 1-12

图 1-13

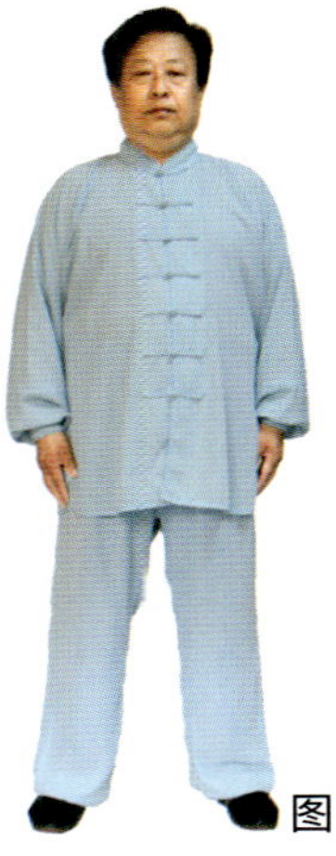

图 1-14

养　生

入脑的经脉有六条，分别是督脉、足太阳膀胱经、足厥阴肝经、阳跷脉、阴跷脉和足阳明胃经。其中督脉、足太阳膀胱经是向大脑提供气血养分的。“筑基功”动作能打通督脉和足太阳膀胱经；对健忘具有较明显的调节作用，可增强肺活量，疏通经络，滋养丹田，促进血液循环，健脑益智。

1. 督脉

督脉是人体奇经八脉之一，总督一身之阳经，人体六条阳经都与督脉交会于大椎穴。督脉有调节阳经气血的作用，故称为“阳脉之海”，主生殖机能，特别是男性生殖机能。

督脉起于胞中穴，下出会阴穴，后行于腰背正中，循脊柱上行，经项部至风府穴，进入脑内，再回出上至头顶，沿头部正中线，经头顶、额部、鼻部、上唇，到唇系带处。

督脉共计 28 穴，分布于头、面、项、背、腰、骶部之后正中线上。当督脉不通，气血循环不畅时，会造成六腑功能慢慢下降。

2. 足太阳膀胱经

足太阳膀胱经是十二经脉中最长的一条经脉，一侧 67 穴，左右两侧共 134 穴，单侧其中 49 穴分布于头面部、项部和背腰部，余 18 穴则分布于下肢后面的正中线上及足的外侧部。

足太阳膀胱经起于目内眦（睛明穴），向上经额部至巅顶（与督脉交会于百会穴），从头顶入络脑，主干沿枕部下行，于项后（天柱穴）分为内、外两支：内支挟脊柱两侧下行，经大杼（第 1 胸椎旁）、风门（第 2 胸椎旁）至背部，依次贯穿肺俞（第 3 胸椎旁）、心俞（第 5 胸椎旁）等背俞穴，抵腰部（肾俞）后深入体内，属膀胱，络肾；外支从肩胛内侧（附分穴）开始，经魄户、膏肓至骶部（秩边穴）。下肢段从臀部（承扶穴）沿大腿后侧正中线（殷门穴、委中穴），经小腿后侧（承山穴），过外踝下方（昆仑穴），沿足背外侧止于小趾外侧端（至阴穴）。全程贯穿头面、腰背、下肢外侧，属膀胱，络肾。其背俞穴群是调节脏腑功能的核心区域，睛明、委中、至阴等穴常用于治疗眼疾、急性腰扭伤及胎位不正。

膀胱经若通畅，外寒难以侵入，内毒及时排出，所以我们一定要打通膀胱经。所谓“打通”就是让更多的气血流入这条经络。谁给膀胱经能量呢？主要是靠肾脏，肾与膀胱相表里，激发肾脏的供应潜能，也就满足了膀胱经的需求。

3.“筑基功”的作用

“筑基功”主要动作是两腿绷直，俯腰两手下压，然后，直腰，两手左右展开，这样对督脉、膀胱经进行反复抻拉刺激，就可以打通督脉、膀胱经。“筑基功”中的动作也对背部、腰部进行反复抻拉刺激，可起到以下作用：

（1）通经活络，促进腰部肌肉的血液循环，增强血氧饱和度，加强腰部肌肉力量，调节腰部肌肉周围韧带对腰椎的保护作用。

（2）锻炼竖脊肌，竖脊肌是脊柱后方的长肌，下起骶骨背面，上达枕骨后方，位于棘突与肋角之间的沟内。竖脊肌两侧同时收缩可使脊柱后伸，是维持人体直立姿势的重要结构，故又名竖躯干肌。在太极拳运动中的一些技术动作，如“转身撇身捶”“抱虎归山”“青龙出水”“左右分脚”“单摆莲”“双摆莲”等，主要靠竖脊肌收缩发力，如果竖脊肌力量不足就会造成肌肉的劳损。

“筑基功”以“腹式呼吸”法为基础，采用“顺式呼吸”形式，呼吸要慢，避免急促。深呼吸能增加膈肌运动，膈肌是一块向上膨隆，呈穹隆形的扁薄阔肌，位于胸腹腔之间，构成胸腔的底和腹腔的顶。膈肌为主要的呼吸肌，收缩时，膈穹隆下降，胸腔容积增大，以助吸气；松弛时膈穹隆上升，恢复原位，胸腔容积减小，以助呼气。膈肌运动对脾有益，同时，能使下焦的气逐渐充盈，也就是太极拳文化中说的丹田气足。丹田气足可增强身体抵御外界风寒的能力，从武学的角度表现为抗击打能力强。

功　法

1.“金刚捣碓”中的震脚（踹地）是鼓舞和振奋阳气的一种方法。

2.“丹田功”可强壮身体，主抗击打。

二 退步登山

动作讲解

1. 预备势

动作与“筑基功－预备势”动作相同（图 2-1）。

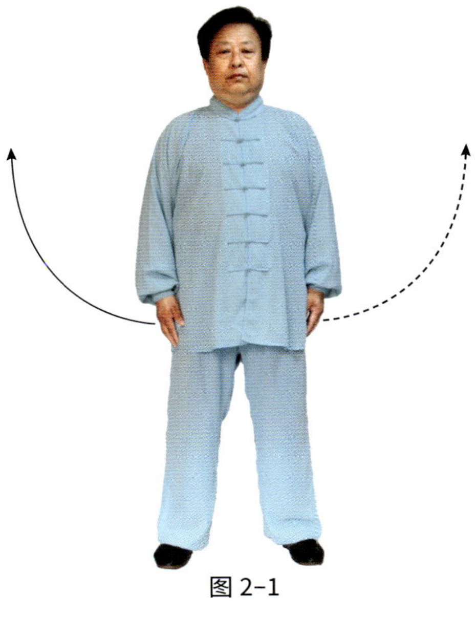

图 2-1

2. 金刚捣碓

动作与“筑基功－金刚捣碓”动作相同（图 2-2 ～图 2-4）。

图 2-2

图 2-3

图 2-4

3. 退步登山

（1）右退步登山

动作一：重心不变，成站立姿势；两手自左右两侧弧形向上平举，掌心向上，指尖各朝左右，高与肩平；眼向前平视（图 2-5）。

动作二：重心全部移于左腿坐实；右脚提于左踝内侧，脚尖自然下垂；同时，两手弧形收于腹前，两腕部交叉，右手在里，左手在外，掌心向内，高与腹齐；眼向前平视（图 2-6）。

动作三：右脚向右横跨一步，成右侧弓步；同时，两手向左右两侧分开，掌心向后，指尖朝下，高与胯齐；眼向前平视（图 2-7）。

动作四：重心全部移于右腿坐实；左脚提起向前迈出，以脚尖点地；同时，右手由右侧弧形向上抄，掌心向前，指尖朝左上侧，高过头顶；左手同时收于胸前弧形向左下侧搂，掌心向下，指尖朝前，高与胯齐；眼向前平视（图 2-8）。

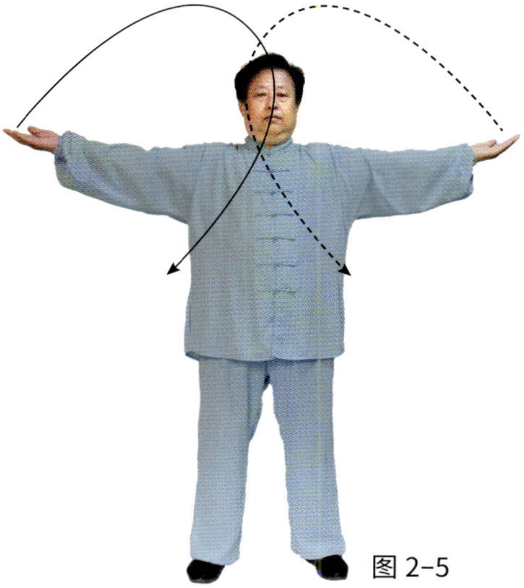

图 2-5

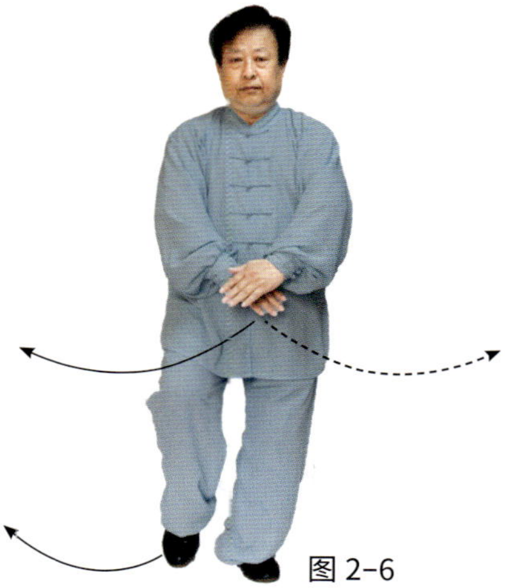

图 2-6

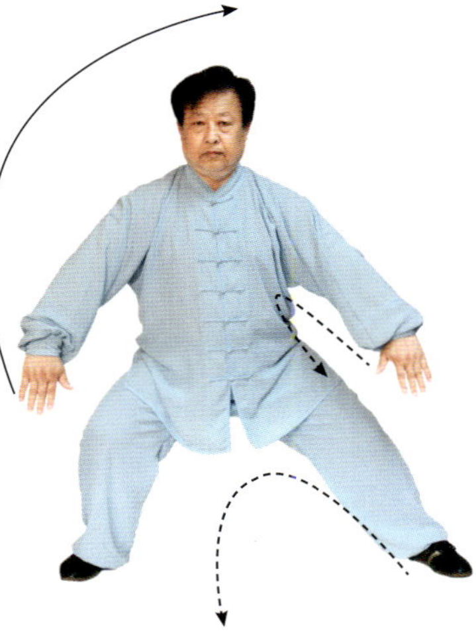

图 2-7

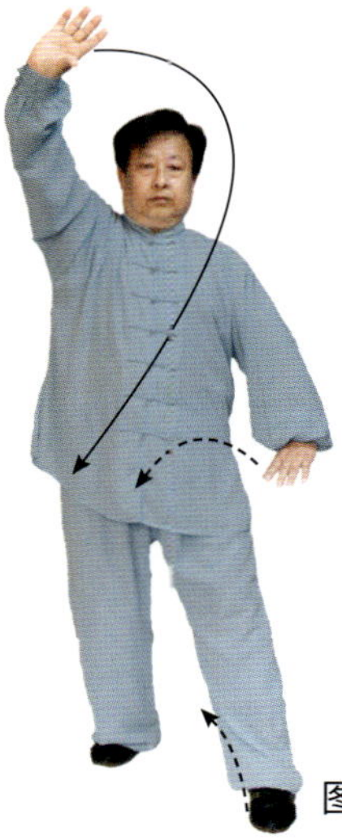

图 2-8

（2）左退步登山

动作一：重心不变，仍在右腿；左脚提于右踝内侧，脚尖自然下垂；同时，两手收于腹前，两腕部交叉，左手在里，右手在外，掌心向内，高与腹齐；眼向前平视（图 2-9）。

动作二：左脚向左横跨一步，成左侧弓步；同时，两手向左右两侧分，掌心向后，指尖朝下，高与胯齐，眼向前平视（图 2-10）。

动作三：重心全部移于左腿坐实，右脚提起向前迈出，以脚尖点地；同时，左手由左侧弧形向上抄，掌心向前，指尖朝右上侧，高过头顶；右手同时收于胸前弧形向右下侧搂，掌心向下，指尖朝前，高与胯齐；眼向前平视（图 2-11）。

说明：连续完成“右退步登山”和“左退步登山”为 1 个循环，做 8 个循环。

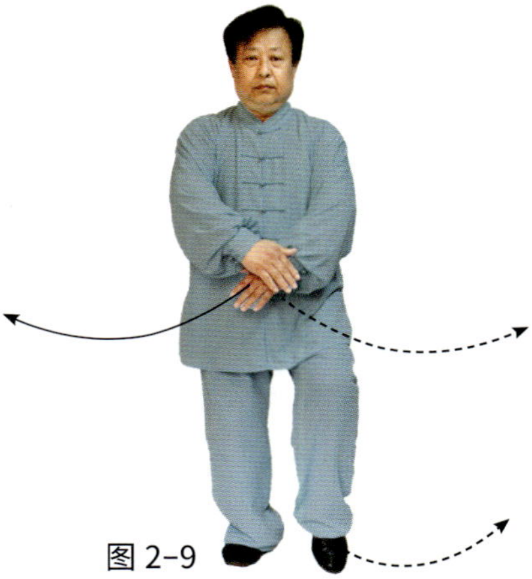
图 2-9

图 2-10

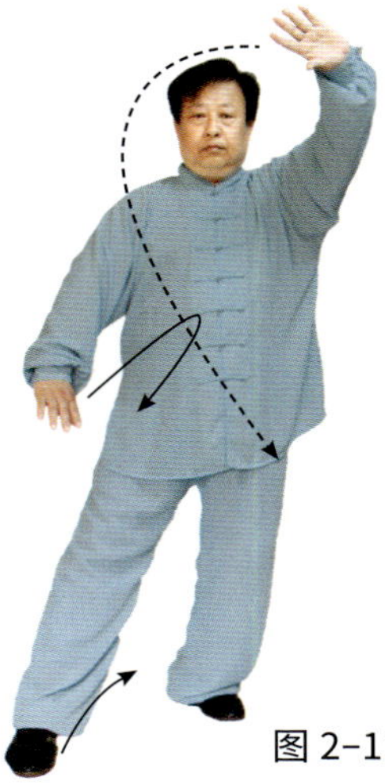
图 2-11

图 2-12

4. 收势

动作一：接“左退步登山”动作三（图 2-12），将右脚收回落下与左脚平行，重心落于两脚，均力踏实；左手外旋弧形向左下落，掌心向上，指尖朝左，高与肩平；同时，右手外旋弧形向上托起，掌心向上，指尖朝右，高与肩平；眼向前平视（图 2-13）。

动作二：重心不变；两手内旋收于胸前，掌心向下，指尖朝前，高与肩平；眼向前平视（图 2-14）。

动作三：重心不变；两手弧形下按至两胯旁，掌心向下，指尖朝前，高与胯齐，眼向前平视（图 2-15）。

动作四：重心不变；两腕放松，还原为“预备势”（图 2-16）。

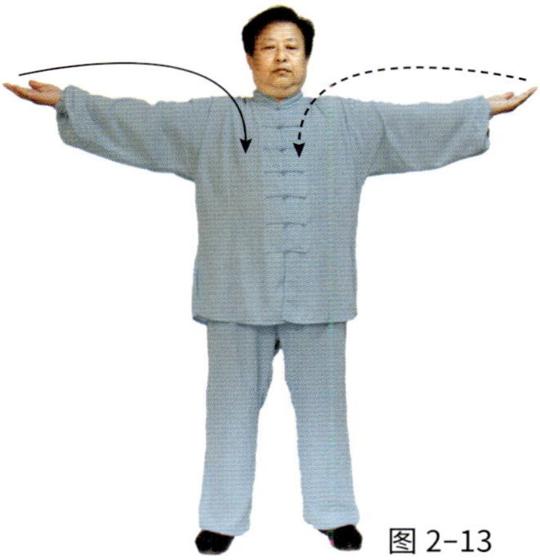
图 2-13

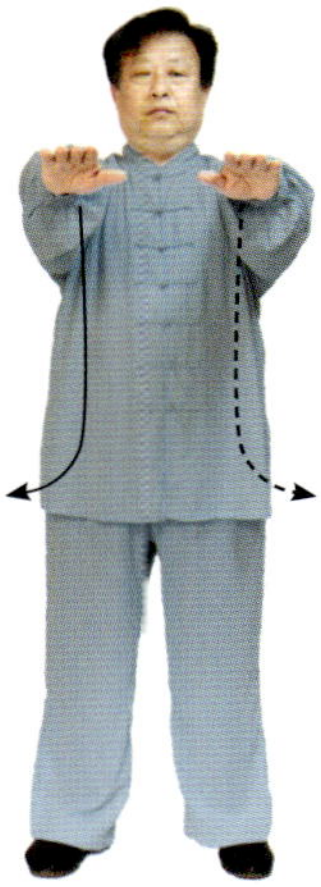
图 2-14

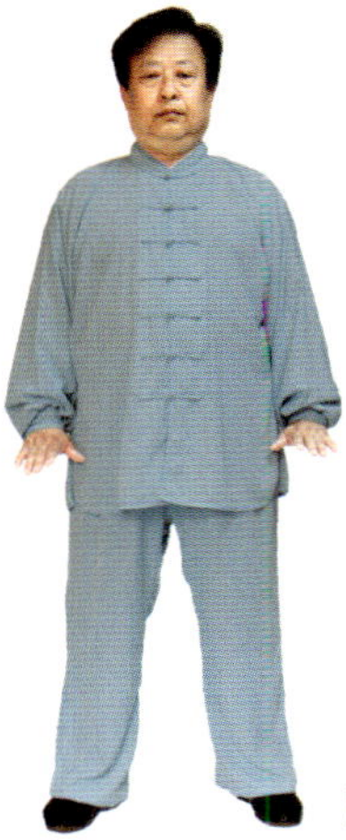
图 2-15

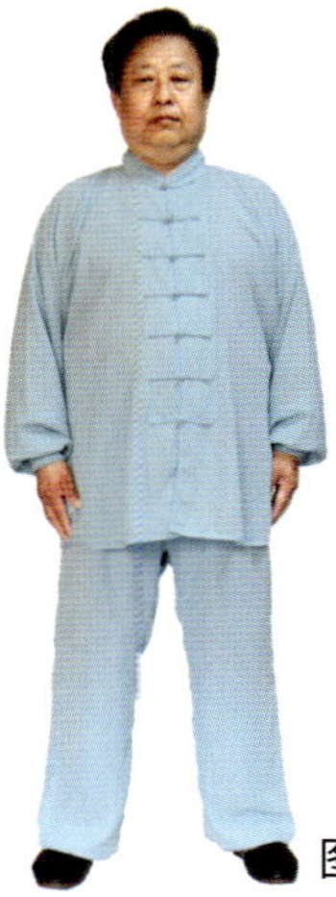
图 2-16

养 生

“退步登山”动作中的上肢运动可打通手少阳三焦经，扩胸增加气力，入三焦，对耳聋、耳鸣、咽喉肿痛，以及肩、臂、肘部疾病均有调理作用。“退步登山”下肢运动可打通足太阴脾经，脾主运化、统血，为气血生化之源。其功能包括运化水谷精微与水液、统摄血液、濡养肌肉四肢，开窍于口，其华在唇。通过足太阴脾经的气血运行，水谷精微得以输布至肌肉四肢，维持其营养与运动功能。“退步登山”动作可增加腿部力量，反复做侧弓步能刺激膝关节分泌润滑液，对膝关节疼痛有一定的调理作用。

1. 手少阳三焦经

手少阳三焦经是人体十二经脉之一，简称三焦经，与手厥阴心包经相表里。手少阳三焦经单侧 23 穴，左右两侧共 46 穴。

手少阳三焦经起于无名指尺侧端（关冲穴），沿第 4、5 掌骨间上行至腕背（阳池穴），经前臂外侧尺桡骨之间（外关、支沟），过肘尖（天井穴）后沿上臂后侧抵肩，在大椎穴与督脉交会后，向前进入锁骨上窝（缺盆），分布于胸中（膻中）并散络心包，向下贯穿膈肌，依次归属上、中、下三焦。其头部分为两支：一支从膻中上行，经颈侧至耳后（翳风穴），直上耳上角（角孙穴），折向面颊抵达眼眶下；另一支从耳后入耳中，出耳前（耳门穴），经上关穴前交面颊，最终止于目外眦（丝竹空穴），与足少阳胆经相接。全程贯穿上肢外侧中间、肩颈及侧头部，属三焦、络心包，体现“通调气机、水道”的功能特性，是中医调理头面五官病、上肢痹痛及三焦气化失常的重要经络。

手少阳三焦经主治“气”方面所发生的病症：自汗出，眼外眦痛，面颊肿，耳后、肩臂、肘部、前臂外侧疼痛，小指、无名指功能障碍等。“退步登山”动作中的上肢运动，通过反复抻拉刺激手少阳三焦经，对以上病症起到有效的调理作用。

2. 足太阴脾经

足太阴脾经是人体十二经脉之一，简称脾经。足太阴脾经一侧 21 穴，左右两侧共 42 穴。单侧其中 11 穴分布于下肢内侧前缘，10 穴分布于胸腹外侧前部。

足太阴脾经起于足大趾内侧端（隐白穴），沿着大趾内侧赤白肉际，上行至内踝前缘（商丘穴），之后沿小腿内侧正中线上行，经过三阴交、漏谷，到达膝关节内侧（阴陵泉）。继而沿大腿内侧前缘上行，进入腹部，经过腹哀、大横等穴位，再向上穿过膈肌，沿食管两旁上行，连系舌根，散布于舌下。其分支从胃部分出，向上通过膈肌，流注于心中，与手少阴心经相接。全程贯穿足、小腿、大腿内侧前缘、腹部，属脾，络胃，与消化功能密切相关。腹胀、腹痛、泄泻等脾胃病症，以及舌部病变等都与之相关。三阴交、阴陵泉等穴位在调理月经不调、脾胃虚弱等方面应用广泛。

足太阴脾经运行时间为巳时（9 ～ 11 点），此时脾经气血旺盛，有助于身体造血。中医认为“脾主运化，脾统血”，脾是消化、吸收、排泄的总调度，也是人体血液的统领。

“脾开窍于口，其华在唇”。脾的功能好，消化吸收好，血液质量好，所以嘴唇是红润的。唇白标志血气不足，唇暗、唇紫标志寒入脾经。

脾胃不和，消化吸收不良，脾虚会导致记忆力下降。巳时是脾经开穴运行的时间，也是护脾最好的时间段。在这个时段中练习“退步登山”，对足太阴脾经进行反复拽拉刺激，可以有效养护足太阴脾经，增强脾经的运化功能，补充因久坐损耗的元气，达到健脾的效果，将脾经瘀堵打通，从而使整条脾经的气血通畅，缓解身体亚健康状态。

3.“退步登山”的运动调理

“退步登山”运动，促进膝关节分泌更多的润滑液，对膝盖进行保护；同时，下蹲成侧马步，使膝关节周围的肌肉和韧带得到增强，缓解膝盖所承受的压力。坚持练习“退步登山”动作，对膝关节疼痛、炎症、积液、长骨刺，以及髌骨老化都会起到有效的调理作用。

“退步登山”是以“腹式呼吸”法为基础，采用“顺式呼吸”形式，呼吸要慢，避免急促。

功 法

“退步登山”是杨式太极拳“接腿摔”的一种训练方法。

三 双栽捶

动作讲解

1. 预备势

动作与“筑基功 - 预备势”动作相同（图 3-1）。

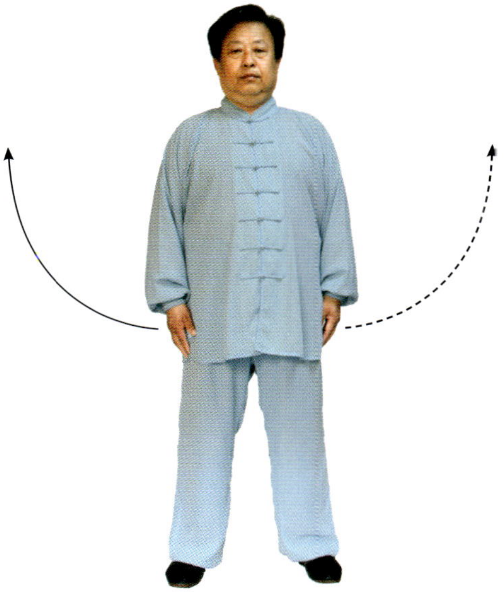

图 3-1

2. 金刚捣碓

动作与“筑基功－金刚捣碓”动作相同（图 3-2 ～图 3-4）。

图 3-2

图 3-3

图 3-4

3. 双栽捶

（1）右栽捶

动作一：重心移于左腿；腰左转；两手随转腰向左后侧摆；左手由掌变拳，拳心向左，拳眼朝后，高与胯齐；右拳心向内，拳眼朝后，高与腹齐；眼神顾及右脚跟（图 3-5）。

动作二：重心全部移于左腿坐实；腰右转；右脚提起收于左踝内侧，以脚尖点地；左拳随转腰向上抄，拳心向上，拳眼朝后，高与肩平；右拳同时向上抬，拳心向下，拳眼朝内，高与胸平；眼神顾及两拳向前平视（图 3-6）。

动作三：重心不变；腰右转；右脚提起向前方迈出，先以脚跟着地，随着重心前移使全脚踏实；双腿直立；左拳随转腰弧形向上抄，拳心向下，拳眼朝后，高过头顶；右拳同时随转腰弧形向上顶，拳心向下，拳眼朝内；眼神顾及两拳向前平视（图 3-7）。

动作四：腰右转，同时向右前方俯身下折；两拳也同时随转腰弧形由上向右脚尖前栽；眼神顾及右脚尖（图 3-8）。

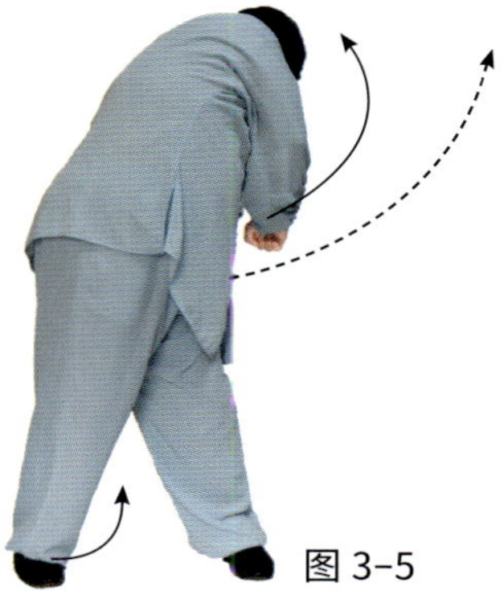
图 3-5

图 3-6

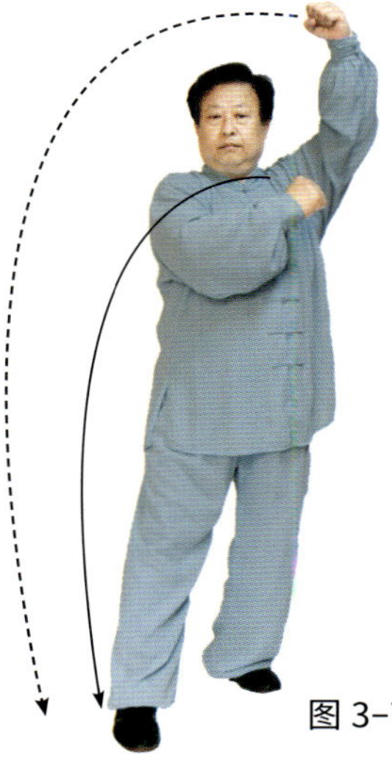
图 3-7

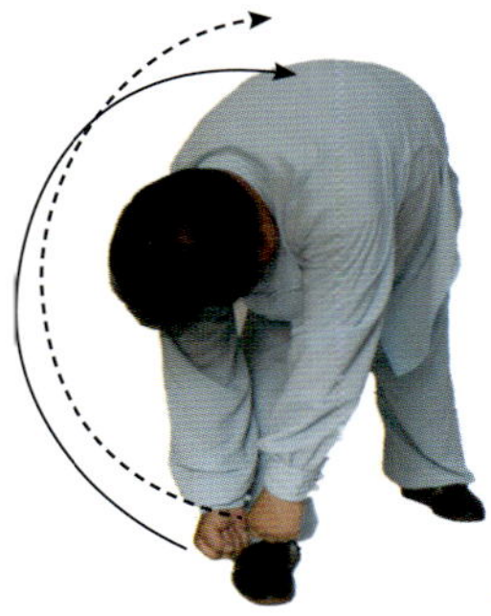
图 3-8

（2）左栽捶

动作一：重心移于右腿；腰右转；两拳随转腰向右后侧摆，右拳心向右，拳眼朝后，高与胯齐；左拳心向内，拳眼朝后，高与腹齐；眼神顾及左脚跟（图 3-9）。

动作二：重心全部移于右腿坐实；腰左转；左脚提起收于右踝内侧，以脚尖点地；右拳随转腰向上抄，拳心向上，拳眼朝后，高与肩平；左拳同时向上抬，拳心向下，拳眼朝内，高与胸平；眼神顾及两拳向左平视（图 3-10）。

动作三：腰左转；左脚提起向左侧迈出，先以脚跟着地，随着重心前移使全脚踏实，重心落于两脚；双腿直立；右拳随转腰弧形向上抄，拳心向下，拳眼朝后，高过头顶；左拳同时随转腰弧形向上顶，拳眼朝内；眼神顾及两拳向前平视（图 3-11）。

动作四：重心不变；腰左转，同时，腰随转向左前方俯身下折；两拳也同时随转腰弧形由上向左脚尖前栽；眼神顾及左脚尖（图 3-12）。

说明：

（1）连续完成“右栽捶”和“左栽捶”为 1 个循环，做 8 个循环。

（2）做第二个“右栽捶”动作一见图 3-12。

图 3-9

图 3-10

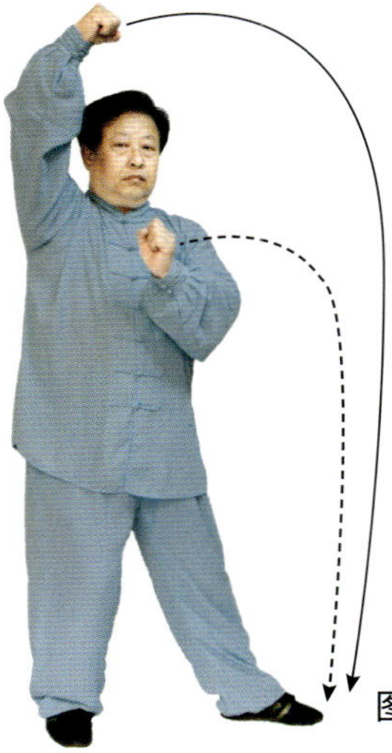

图 3-11

图 3-12

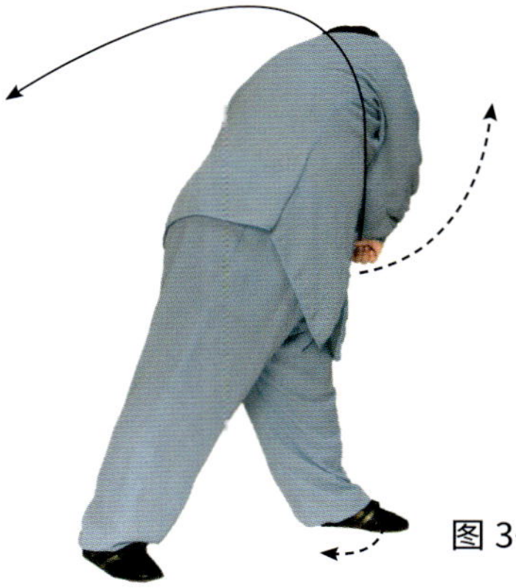

图 3-13

4. 收势

动作一：接第 8 个“左栽捶”动作四（图 3-13），将左脚内扣 90°踏实；腰直起；同时，两手由拳变掌从左右两侧弧形向上举，掌心向上，指尖各朝左右，高与肩平；眼向前平视（图 3-14）。

动作二：重心移于左腿坐实；右脚提起，脚尖自然下垂；两手同时由左右两侧臂内旋收于胸前，掌心向下，指尖朝前，高与肩平；眼向前平视（图 3-15）。

动作三：右脚下落与左脚平行，重心落于两脚；两手下按至两胯旁，掌心向下，指尖朝前，高与胯齐；眼向前平视（图 3-16）。

动作四：重心不变；两腕放松，还原为“预备势”（图 3-17）。

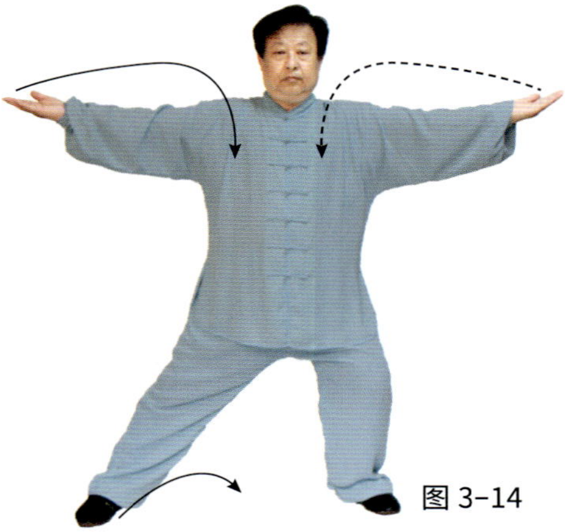

图 3-14

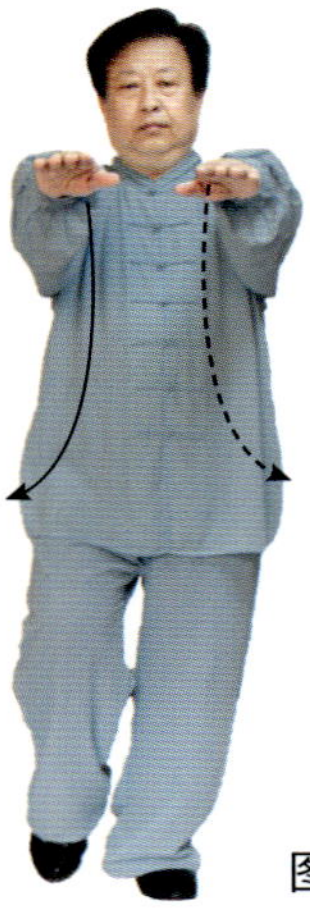

图 3-15

图 3-16

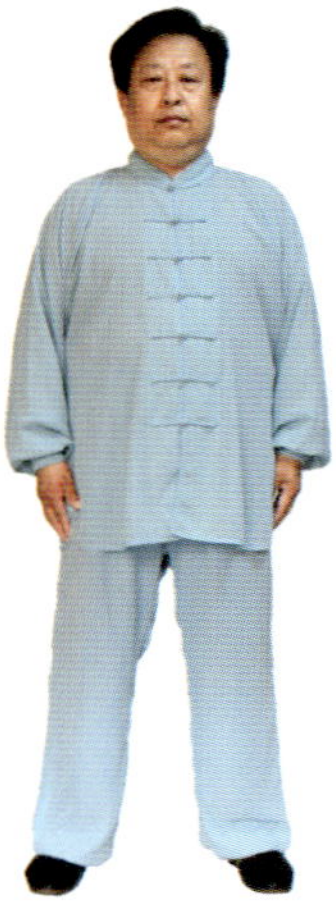

图 3-17

养　生

“双栽捶”动作可同时抻拉奇经八脉，对坐骨神经痛、脊柱病症都有一定的调理作用，同时还可增强腰部力量，健肾固精，调理三焦。本节主要介绍足厥阴肝经、足阳明胃经、阳跷脉、阴跷脉四条经脉，至此六条入脑经脉都已讲解。

1. 足厥阴肝经

足厥阴肝经是人体十二经脉之一，简称肝经。足厥阴肝经一侧 14 穴，左右两侧共 28 穴，单侧其中 12 穴分布于下肢内侧，其余 2 穴分别位于腹部及胸部。

足厥阴肝经起于足大趾爪甲后丛毛处的大敦穴，沿足背内侧赤白肉际上行，至内踝前一寸处的中封穴 。继而向上行进至内踝上八寸，于此交出于足太阴脾经之后，随后上行经过膝内侧，沿着大腿内侧中线前行，进入阴毛中，环绕阴器 。之后，肝经继续上达小腹，挟胃两旁，在此属肝且络胆 。接着，向上穿过膈肌，分布于胁肋部，沿喉咙的后边上行，进入鼻咽部，连接于“目系”（眼球连系于脑的部位） 。随后，向上出于前额，与督脉会于巅顶的百会穴 。其有一分支从“目系”下循面颊，环绕口唇的里边 。另有一分支从肝分出，穿过膈肌，向上注入肺，于肺中与手太阴肺经相接 。全程贯穿足、小腿、大腿内侧、腹部、胸部及头面部，属肝、络胆，体现“藏血、主疏泄”的功能特性，与人体的情志调节、血液贮藏及生殖系统等密切相关，是中医调理肝脏病症、妇科疾病及情志类问题的重要经络 。

足厥阴肝经不通常见症状：口干、口苦、情志抑郁、胸协胀痛、眩晕、血压不稳、易怒冲动、皮肤萎黄、易倦、乏力、前列腺肥大；月经不调、乳房胀痛、小便黄。

怎样打通肝经呢？较为简单的就是抻拉肝经，“双栽捶”的主要动作是两腿绷直，先向左侧甩腰，再向右侧俯腰两拳击地，然后，向右侧甩腰，再向左侧俯腰两拳击地，这样对肝经进行反复抻拉刺激，就可以打通肝经。肝经的气血畅通，“肝主藏血”的疏泄功能就会强大起来，人的身体就会健康、强壮。

2. 足阳明胃经

足阳明胃经是人体十二经脉之一，简称胃经。胃经一侧 45 穴，左右两侧共 90 穴。单侧其中 15 穴分布于下肢的前外侧面，30 穴在腹、胸部与头面部。

足阳明胃经起于鼻翼旁的迎香穴，上行至鼻根部，与足太阳膀胱经交会，然后向下沿鼻的外侧，入上齿龈内，回出环绕口唇，向下交会于颏唇沟承浆穴处，再向后沿下颌骨后下缘到大迎穴处，沿下颌角上行过耳前，经过上关穴，沿发际，到达前额的头维穴 。其分支从大迎穴前方下行到人迎穴，沿喉咙向下后行至大椎，折向前行，入缺盆，深入体腔，下行穿过膈肌，属胃，络脾 。直行主干从缺盆出体表，沿乳中线下行，夹脐两旁，下行至腹股沟处的气街穴 。其下肢分支从胃下口幽门处分出，沿腹腔内下行到气街穴，与直行之脉会合，再由此向下沿大腿前侧下行，至膝盖髌中，沿小腿胫骨前缘下行至足背，入足第二趾外侧端厉兑穴 。另有一分支从膝下足三里穴分出，下行入中趾外侧端 。还有一分支从足背上冲阳穴分出，前行入足大趾内侧端，与足太阴脾经相接 。全程贯穿头面、颈部、胸部、腹部及下肢前外侧，属胃，络脾，体现“受纳腐熟水谷、运化水谷精微”的功能特性，与人体的消化吸收功能紧密相连，是中医调理消化系统疾病及头面五官问题的关键经络 。

消化系统功能障碍时，会出现以下症状：身体疲劳、缺乏元气；皮肤失去光泽；嘴唇干裂，口周易溃疡；精神不振，迟疑不决，经常苦恼……这些问题会进一步加重消化系统的负担。胃经异常的人，经常为原因不明的头痛所苦恼，出现前额和眼睛疼痛、鼻塞、喉咙痛、腹胀等症状。出现上述症状时，刺激胃经上的穴位，症状就会有显著的改善。

打通胃经的方法很多。较为简单的就是抻拉胃经，“双栽捶”主要动作是两腿绷直，先向左侧甩腰，再向右侧俯腰两拳击地，然后向右侧甩腰，再向左侧俯腰两拳击地，这样对胃经进行反复抻拉刺激，就可以打通胃经。胃经在人体正前侧，从面部一直延伸到脚部，是一条多气多血的经脉。胃经也称为长寿经，只要胃经打通，保养得当，既能增强大脑灵活性，又能补养气血，从而保健延年。

另外，还可以利用“双栽捶”在抻拉刺激胃经的同时，敲击胫前肌进一步打通胃经，这种方式一般在肠胃不适的时候使用。具体练法是两腿绷直，先向左侧甩腰，再向右侧俯腰两拳击打右腿胫前肌，然后向右侧甩腰，再向左侧俯腰两拳击打左腿胫前肌。胫前肌位于小腿前外侧，这块肌肉上面有胃经的三个要穴：第一个穴是足三里穴；第二个穴是上巨虚穴，位于足三里穴向下四横指处，它是大肠的合穴，主管大肠的问题；第三个穴位是下巨虚穴，位于上巨虚穴向下四横指处，主管小肠的问题。拍打胫前肌主要是敲打这三个穴位。练习“双栽捶”时，找不准这三个穴位也不必担心，中医理论讲究“离穴不离经”，只要敲击到小腿外前侧的这条胫前肌即可。

3. 阳跷脉

阳跷脉为奇经八脉之一，单侧 12 穴，左右两侧合计 24 穴。

阳跷脉起于足跟外侧的申脉穴，沿外踝后向上，经腓骨后缘，沿大腿外侧后缘上行，过髋关节部，经胁肋后侧，从腋后上肩，沿颈部外侧，上挟口角，到达目内眦，与足太阳膀胱经、阴跷脉会合，再上行经额部，到达耳后，与足少阳胆经会合于项后风池穴 。阳跷脉主一身左右之阳，对肢体运动的协调性及眼睑的开合等具有调节作用 。

阳跷脉不通容易产生肢体运动障碍、肌肉痉挛疼痛、失眠多梦、头痛头晕、免疫力下降，以及神志异常等症状。

打通阳跷脉的方法很多。较为简单的就是抻拉阳跷脉，练习“双栽捶”可以对阳跷脉进行反复抻拉刺激，从而打通阳跷脉。

4. 阴跷脉

阴跷脉为奇经八脉之一，阴跷脉交会穴位有照海穴、交信穴、睛明穴，左右两侧共 6 穴。

阴跷脉起于足跟内侧的照海穴，经内踝后，沿小腿内侧后缘，上行过膝关节内侧，沿大腿内侧后缘，进入前阴部，沿腹部内侧，向上到达胸部，再向上经锁骨上窝，沿喉的外侧，向上至目内眦，与足太阳膀胱经、阳跷脉会合 。阴跷脉主一身左右之阴，与阳跷脉共同调节肢体运动和眼睑开合 。

阴跷脉不通容易产生筋肉屈伸障碍、足外翻、失眠、目痱、身体强直等症状。

打通阴跷脉的方法很多，较为简单的就是抻拉阴跷脉，练习“双栽捶”可以对阴跷脉进行反复抻拉刺激，从而打通阴跷脉。

功 用

接手、击头、胸、腹、腿法。

四　飞仙掌

动作讲解

1. 预备势

动作与“筑基功－预备势”动作相同（图 4-1）。

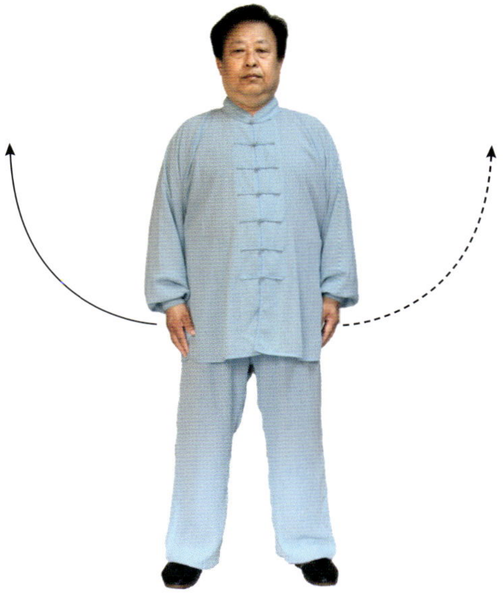

图 4-1

2. 金刚捣碓

动作与“筑基功 - 金刚捣碓”动作相同（图 4-2 ～图 4-4）。

图 4-2

图 4-3

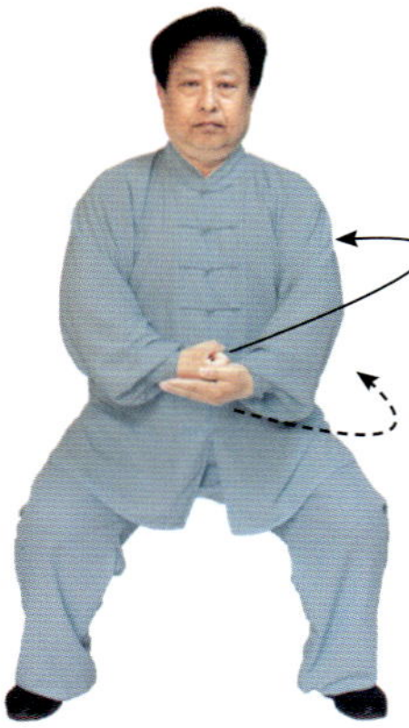

图 4-4

3. 飞仙掌

（1）右飞仙掌

动作一：重心移于左腿；腰左转；两手随转腰向左后侧摆，左掌心向左，指尖朝下，高与胯齐；右手由拳变掌，掌心向内，指尖朝下，高与腹齐；眼神顾及右脚跟（图 4-5）。

动作二：重心全部移于左腿坐实；腰右转；右脚提起收于左踝内侧，以脚尖点地；左掌随转腰向上抄，掌心向上，指尖朝左，高与肩平；右掌同时向上抬，掌心向下，指尖朝左，高与胸平；眼神顾及两掌向前平视（图 4-6）。

动作三：重心不变；腰右转；左掌随转腰臂内旋随弧形向上抄，掌心向下，指尖朝右，高过头顶；右掌同时随转腰臂外旋，指尖朝左，高与胸平；眼神顾及两掌向前平视（图 4-7）。

动作四：右脚提起向前方迈出，先以脚跟着地，随着重心前移使全脚踏实，弓右腿，蹬左腿，成右弓步；同时，左掌由面前弧形自上而下搂，掌心向下，指尖朝右，高与腹平；右手同时由胸前弧形向前穿，掌心向上，指尖朝前，高与喉平；眼神顾及右掌向前平视（图 4-8）。

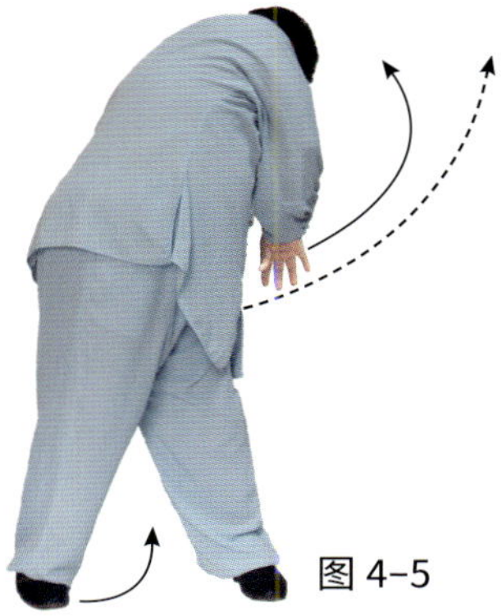
图 4-5

图 4-6

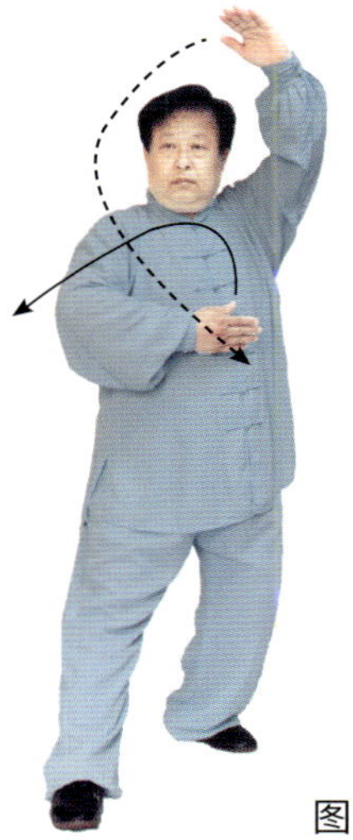
图 4-7

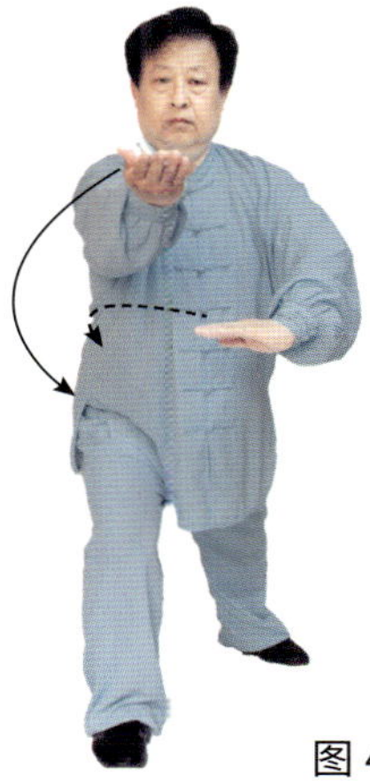
图 4-8

（2）左飞仙掌

动作一：重心移于右腿；腰右转；两手随转腰向右后侧摆，右掌心向右，指尖朝下，高与胯齐；左掌心向内，指尖朝下，高与腹齐；眼神顾及左脚跟（图 4-9）。

动作二：重心全部移于右腿坐实；腰左转；左脚提起收于右踝内侧，以脚尖点地；右掌随转腰向上抄，掌心向上，指尖朝右，高与肩平；左掌同时向上抬，掌心向下，指尖朝右，高与胸平；眼神顾及两掌向前平视（图 4-10）。

动作三：重心不变；腰左转；右掌随转腰臂内旋弧形向上抄，掌心向下，指尖朝左，高过头顶；左掌同时随转腰臂外旋，掌心向上，指尖朝右；眼神顾及两掌向前平视（图 4-11）。

动作四：重心不变；左脚提起向左侧迈出，先以脚跟着地，随着重心前移使全脚踏实，弓左腿，蹬右腿，成左弓步；腰左转；同时，右掌由面前弧形自上向下搂，掌心向下，指尖朝左，高与腹平；左手同时由胸前弧形向前穿，掌心向上，指尖朝前，高与喉平；眼神顾及左掌向前平视（图 4-12）。

说明：

（1）连续完成“右飞仙掌”和“左飞仙掌”为 1 个循环，做 8 个循环。

（2）做第二个“右飞仙掌”动作一见图 4-12。

图 4-9

图 4-10

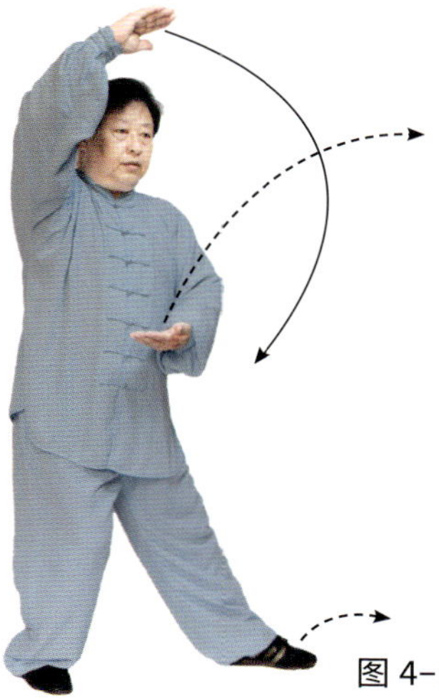

图 4-11

图 4-12

图 4-13

4. 收势

动作一：接第 8 个“左飞仙掌”动作四（图 4-13 ），将左脚内扣 90°踏实；同时，两掌从左右两侧弧形平举，掌心向上，指尖各朝左右，高与肩平；眼向前平视（图 4-14）。

动作二：重心移于左腿坐实；右脚提于左踝内侧，脚尖自然下垂；两掌内旋收于胸前，掌心向下，指尖朝前，高与肩平；眼神顾及两掌向前平视（图 4-15）。

动作三：右脚下落与左脚平行，重心落于两脚；两手下按至两胯旁，掌心向下，指尖朝前，高与胯齐；眼向前平视（图 4-16）。

动作四：重心不变；两腕放松，还原为“预备势”（图 4-17）。

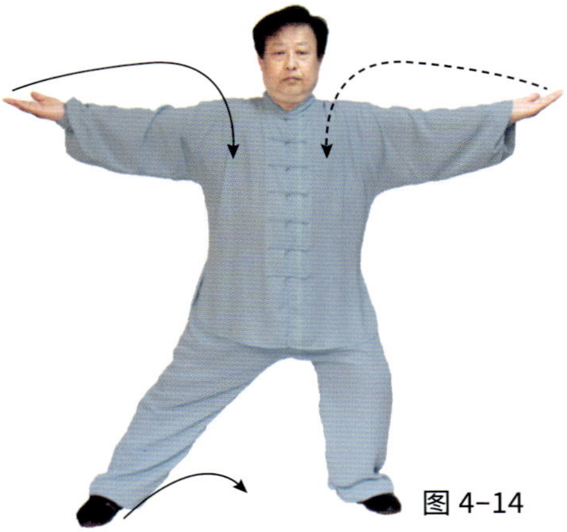
图 4-14

图 4-15

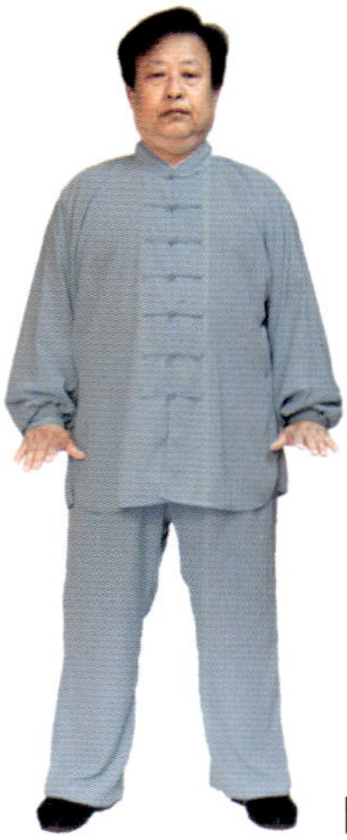
图 4-16

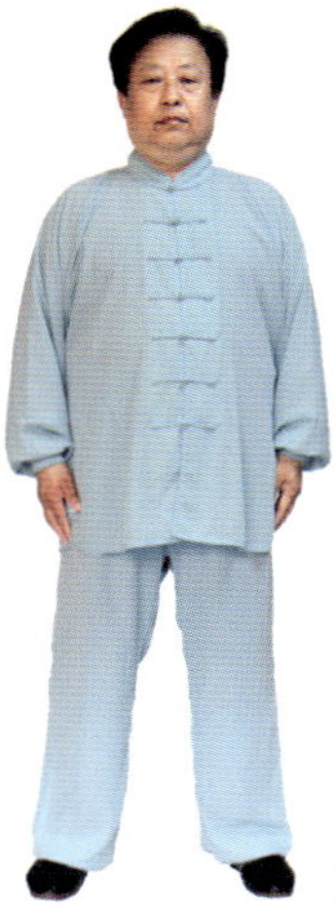
图 4-17

养 生

“飞仙掌”动作能打通在两腋下通过的手太阴肺经和手厥阴心包经。对肺部胀闷、咳嗽喘促、咽喉肿痛具有明显的调节作用，同时对心肌梗死、脑血管栓塞也有预防作用。

1. 手太阴肺经

手太阴肺经为人体十二经脉之一，简称肺经，与手阳明大肠经相为表里。手太阴肺经一侧 11 穴，左右两侧共 22 穴。

手太阴肺经起于中焦胃脘部，先下行联络大肠，复返胃上口，穿膈，属肺。从肺系（气管）横行腋下，沿上臂内侧前缘至肘窝，再沿着前臂内侧桡骨边缘下行，进入寸口（太渊穴），经过鱼际，至拇指桡侧端少商穴 。其分支从手腕后列缺穴分出，沿掌背侧走向食指桡侧端，与手阳明大肠经相接 。全程贯穿胸部、上肢内侧前缘，属肺，络大肠，体现“主气，司呼吸，通调水道”的功能特性，与人体的呼吸功能、水液代谢密切相关，是中医调理肺部疾病、呼吸道病症及手部局部问题的重要经络 。

寅时（3 ～ 5 点）为经脉气血循行流注至手太阴肺经的时段，肺部有病者经常会在此时醒来，这是气血不足的表现。因此，哮喘、咳嗽等与手太阴肺经相关的疾病，通常会在这个时辰发作。人体在寅时血压低，脉搏、呼吸次数少，尤其是清晨 4 点左右，血压最低，脑部供血量最少，易发肺系疾病、心血管疾病，特别是冬季，经常有意外发生。因此，保肺之道尤为重要。

手太阴肺经位于上肢内侧，平时有肺部虚弱者，可通过练习“飞仙掌”反复拽拉手太阴肺经进行保健，以增强机能、改善体质。肺气易耗不易补，缓慢拽拉是补气，而速度过快、用力过重的话，就会“泻”气。

2. 手厥阴心包经

手厥阴心包经为人体十二经脉之一，简称心包经。手厥阴心包经一侧 9 穴，左右两侧共 18 穴。单侧其中 8 穴分布于上肢掌面的正中线上，1 穴在前胸上部。

手厥阴心包经起于胸中，属心包络，向下穿过膈肌，依次联络上、中、下三焦 。其分支从胸中分出，浅出胁部至腋下三寸天池穴，沿上肢内侧中线入肘，过肘尖（曲泽穴），向下行于前臂两筋（掌长肌腱与桡侧腕屈肌腱）之间（内关、大陵），进入掌中（劳宫穴），沿中指桡侧，出中指桡侧端（中冲穴） 。另一分支从掌中分出，沿无名指尺侧端出，与手少阳三焦经相接 。全程贯穿胸部、上肢内侧中线，属心包，络三焦，体现“代心受邪、保护心脏”的功能特性，与心脏的功能保护及情志调节等密切相关，是中医调理心系病症、情志类疾病及上肢局部问题的重要经络 。

心脏为人体重要的器官，古人认为心脏外有一层膜，将此膜称为心包。心包有保护心脏，使心脏机能正常运转的功能。手厥阴心包经包围心脏，若受损，其症状和心脏受伤害一样，如面部发红、心悸、目黄。沿着手厥阴心包经的经脉，由胸到侧腹，会产生疼痛、麻痹感，并伴发抽筋、手掌发热等症状，压迫胸部的膻中穴有痛感，背上第 4 胸椎旁的厥阴俞穴处感觉有硬块。手厥阴心包经有异常时，可通过练习“飞仙掌”对手厥阴心包经反复抻拉，症状可获得改善。

功 用

接手、插眼、刺喉手法。

五 飞仙捶

动作讲解

1. 预备势

动作与“筑基功 - 预备势”动作相同（图 5-1）。

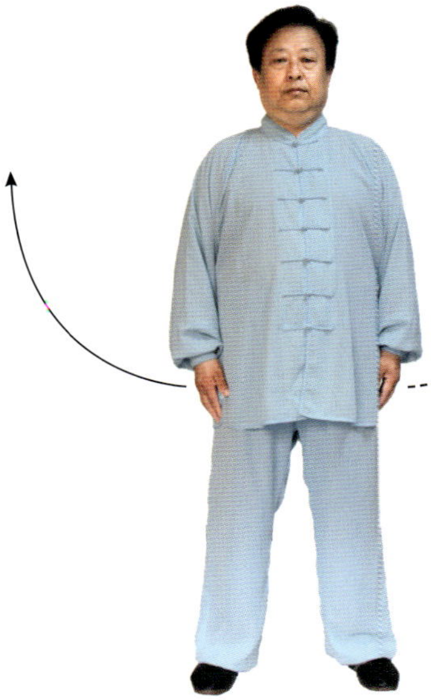

图 5-1

2. 金刚捣碓

动作与“筑基功 - 金刚捣碓”动作相同（图 5-2 ～图 5-4）。

图 5-2

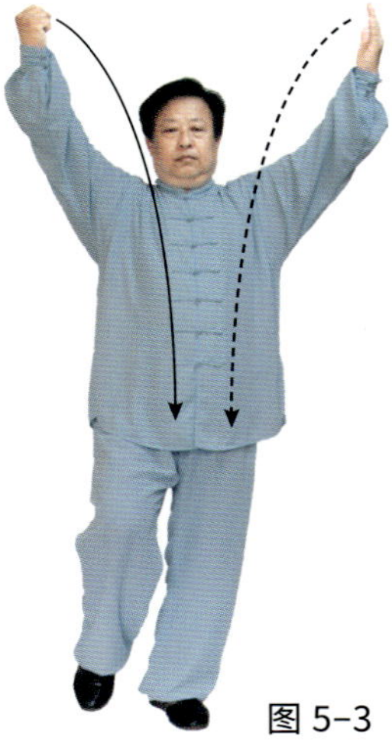

图 5-3

图 5-4

3. 飞仙捶

（1）右飞仙捶

动作一：重心移于左腿；腰左转；两手随转腰向左后侧摆；左手由掌变拳，拳心向左，拳眼向后，高与胯齐；右拳心向内，拳眼向后，高与腹齐；眼神顾及右脚跟（图 5-5）。

动作二：重心全部移于左腿坐实；腰右转；右脚提起收于左踝内侧，以脚尖点地；左拳随转腰向上抄，拳心向上，拳眼向后，高与肩平；右拳同时向上抬，拳心向下，拳眼向后，高与胸平；眼神顾及两拳向前平视（图 5-6）。

动作三：重心不变；腰右转；左拳随转腰臂内旋弧形向上抄，拳心向下，拳眼朝内，高过头顶；右拳同时随转腰臂外旋，拳心向下，拳眼朝内，高与胸平；眼神顾及两拳向前平视（图 5-7）。

动作四：重心不变；右脚提起向前方迈出，先以脚跟着地，随着重心前移使全脚踏实，弓右腿，蹬左腿，成右弓步；同时，左拳由面前弧形自上而下搂，拳心向下，拳眼朝内，高与腹平；右拳同时由胸前弧形向前穿，拳心向上，拳眼朝右；眼神顾及右拳向前平视（图 5-8）。

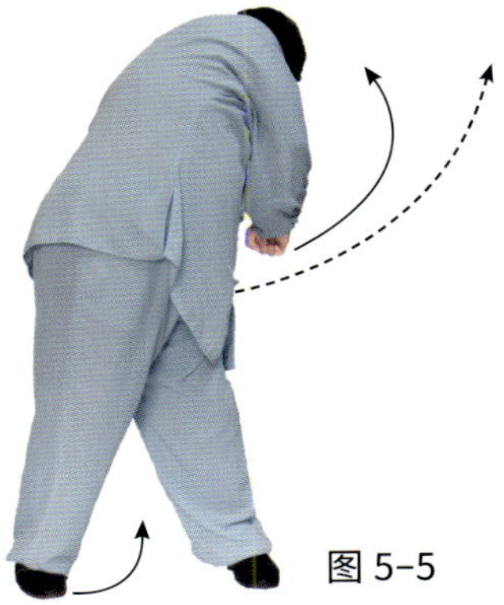
图 5-5

图 5-6

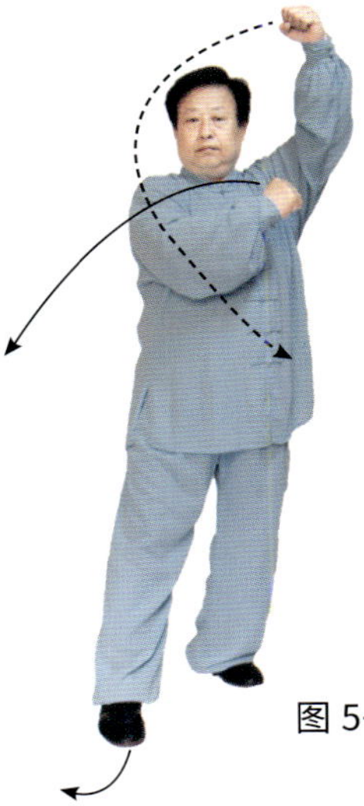
图 5-7

图 5-8

（2）左飞仙捶

动作一：重心移于右腿；腰右转；两拳随转腰向右后侧摆，右拳心向右，拳眼向后，高与胯齐；左拳拳眼向后，高与腹齐；眼神顾及左脚跟（图 5-9）。

动作二：重心全部移于右腿坐实；腰左转；左脚提起收于右踝内侧，以脚尖点地；右拳随转腰向上抄，拳心向上，拳眼向后，高与肩平；左拳同时向上抬，拳心向下，拳眼向后，高与胸平；眼神顾及两拳向前平视（图 5-10）。

动作三：重心不变；腰左转；右拳随转腰臂内旋弧形向上抄，拳心向下，拳眼朝后，高过头顶；左拳同时随转腰臂外旋，拳眼朝内，高与胸平；眼神顾及两拳向前平视（图 5-11）。

动作四：重心不变；左脚提起向左侧迈出，先以脚跟着地，随着重心前移使全脚踏实，弓左腿，蹬右腿，成左弓步；腰左转；同时，右拳由面前弧形自上而下搂，拳心向下，拳眼朝内，高与腹平；左拳同时由胸前弧形向前穿，拳心向上，拳眼朝后；眼神顾及左拳向前平视（图 5-12）。

说明：

（1）连续完成“右飞仙捶”和“左飞仙捶”为 1 个循环，做 8 个循环。

（2）做第二个“右飞仙捶”动作一见图 5-12。

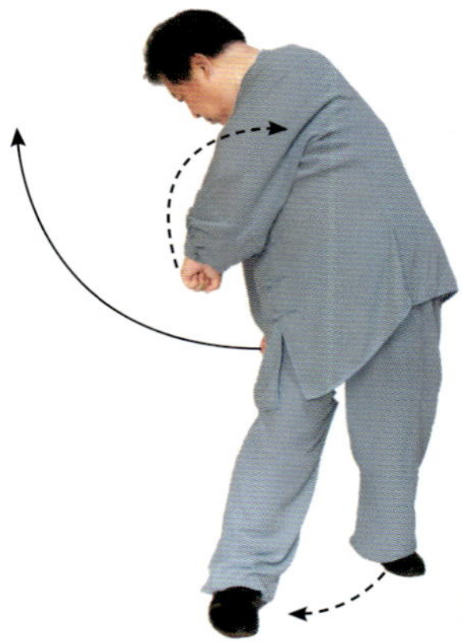

图 5-9

图 5-10

图 5-11

图 5-12

图 5-13

4. 收势

动作一：接第 8 个“左飞仙捶”动作四（图 5-13），将左脚内扣 90°踏实；同时，两手由拳变掌从左右两侧弧形平举，掌心向上，指尖各朝左右，高与肩平；眼向前平视（图 5-14）。

动作二：重心移于左腿坐实；右脚提于左踝内侧，脚尖自然下垂；两掌内旋收于胸前，掌心向下，指尖朝前，高与肩平；眼神顾及两掌向前平视（图 5-15）。

动作三：右脚下落与左脚平行，重心落于两脚；两手下按至两胯旁，掌心向下，指尖朝前，高与胯齐；眼向前平视（图 5-16）。

动作四：重心不变；两腕放松，还原为“预备势”（图 5-17）。

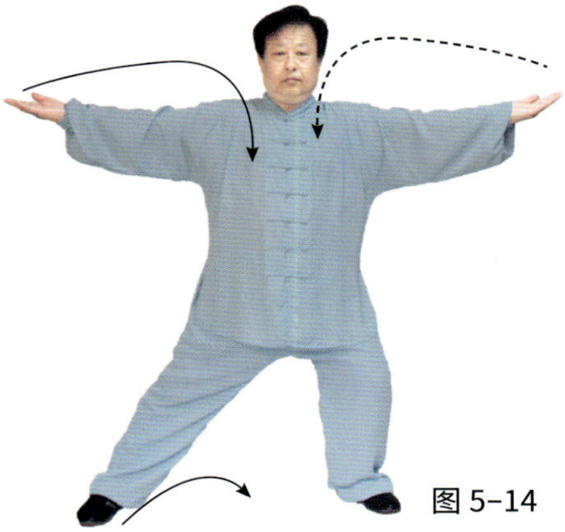

图 5-14

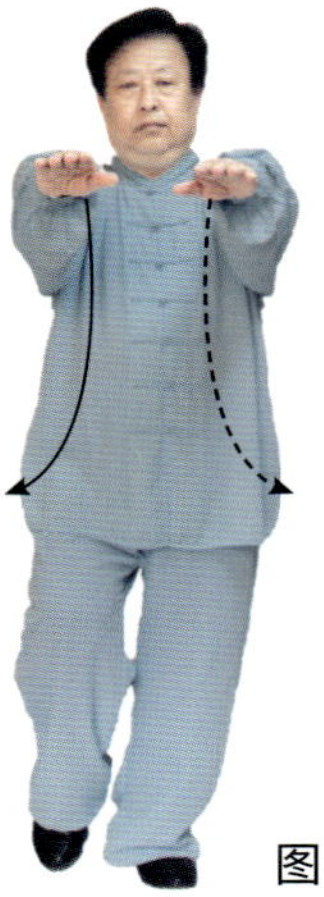

图 5-15

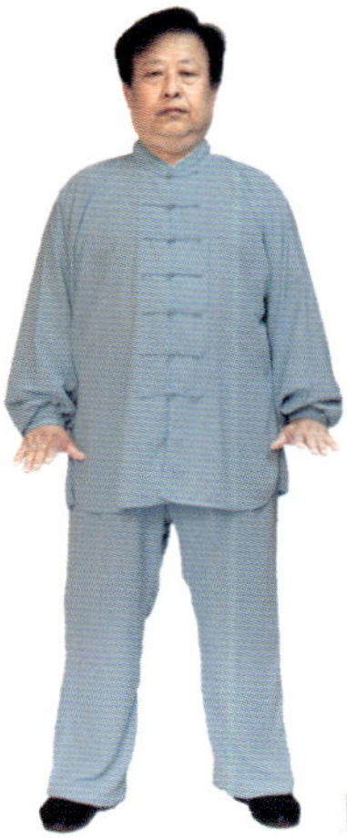

图 5-16

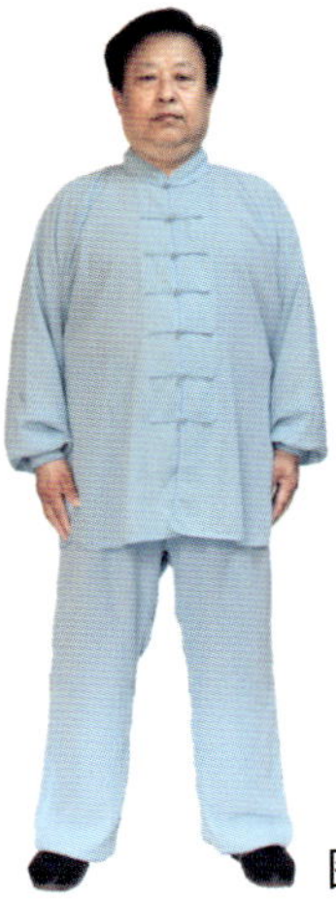

图 5-17

养 生

“飞仙捶”动作能打通在两腋下通过的足少阳胆经和手少阴心经。对心胁痛、手臂麻痹、肩背疼等病症有明显的调节作用。

1. 足少阳胆经

足少阳胆经为人体十二经脉之一，简称胆经。足少阳胆经一侧 44 穴，左右两侧共 88 穴，单侧其中头部 15 穴，胸胁部 10 穴，下肢外侧 19 穴。

足少阳胆经起于目外眦（瞳子髎穴），向上到达额角部（颔厌穴），再向后下行至耳后（完骨穴），沿颈部侧面行于手少阳三焦经之前，至肩上，在大椎穴处与督脉交会，然后向左、右分开，绕至缺盆处 。其分支从耳后（完骨穴）进入耳中，出走于耳前，经过上关穴前方，到达目外眦后方 。另一分支从目外眦处分出，下行至大迎穴，同手少阳三焦经分布于面颊部的支脉相合，行至目眶下，再向下经过下颌角部，下行至颈部，与前脉会合于缺盆后，进入体腔，穿过膈肌，沿胁里浅出气街，绕毛际，横向至环跳穴处 。其直行主干从缺盆下行至腋部，沿胸侧，过季胁，向下至环跳穴处与前脉会合，再向下沿大腿外侧、膝关节外缘，行于腓骨前面，直下至腓骨下端，浅出外踝之前，沿足背行出于足第四趾外侧端（足窍阴穴） 。又一分支从足临泣穴分出，沿足背至大趾外侧端，与足厥阴肝经接于大敦穴 。全程贯穿头面、颈部、胸部、胁部、腹部及下肢外侧，属胆，络肝，体现“主疏泄，藏精汁，助消化” 的功能特性，与人体的胆汁排泄、消化功能及情志调节紧密相关，是中医调理肝胆病症、消化系统疾病，以及头面五官、下肢局部问题的重要经络 。

足少阳胆经不通容易导致以下病症：口苦、偏头痛；胁肋胀痛、下肢外侧及关节痹痛；厌食油腻、食后腹胀。

判断经络是否畅通可以用以下两种方法:

第一种是捏肉法。中医认为，“通则不痛，痛则不通”。用手捏起身上的肉，尤其是胆经通过的腿外侧、胃经通过的腿部正面、肾经通过的腿内侧，以及上臂的内外两侧，如果这些部位捏着非常痛，就说明通过这些部位的经络不通了，而且痛得越厉害，说明经络堵得越严重。

第二种是过血法。用自己的一只手攥紧另一只手的手腕，过 1 分钟左右，会看到被攥住手腕的手掌逐渐从红色变成白色，这时，突然松开手腕，你会感觉一股热流直冲到手指尖，同时手掌也会逐渐从白色变成红色，这种现象称为过血。如果手掌在半分钟内恢复正常的颜色，说明你的经络是通的；如果手掌在半分钟内不能恢复正常的颜色，那就说明你的经络可能不够通畅。

足少阳胆经不通 , 通过练习“飞仙捶”对足少阳胆经反复抻拉自然就会畅通。因为“动形以达郁”，“动则不衰”，“流水不腐，户枢不蠹”。只有经常运动，气血才能周流全身，经络也才能通畅。

2. 手少阴心经

手少阴心经是人体十二经脉之一，简称心经。一侧 9 穴，左右两侧共 18 穴。

手少阴心经起于心中，走出后属心系，向下穿过膈肌，络小肠 。其分支从心系分出，挟食管上行，连于目系 。直行主干从心系出来，退回上行经过肺，向下浅出腋下（极泉穴），沿上肢内侧后缘，过肘中（少海穴），沿前臂内侧后缘，到掌后豌豆骨部，进入掌内，沿小指桡侧至末端（少冲穴），与手太阳小肠经相接 。全程贯穿胸部、上肢内侧后缘，属心，络小肠，体现 “主血脉，藏神” 的功能特性，与人体的血液循环、神志调节等密切相关，是中医调理心系病症、神志类疾病及上肢局部问题的重要经络 。

手少阴心经不通时容易导致以下病症：咽干、渴而欲饮，上肢内侧后缘疼痛，掌中热痛，心痛，心悸，失眠，神志失常等症状。

手少阴心经是人体保健心脏部位的一条重要经络，平时要注意对手少阴心经的养护。养护手少阴心经 , 可以通过练习“飞仙捶”对手少阴心经反复抻拉，使其保持健康畅通。

功 用

接手、封眼击面、击胸手法。

六 撩挎捶

动作讲解

1. 预备势

动作与“筑基功 - 预备势”动作相同（图 6-1）。

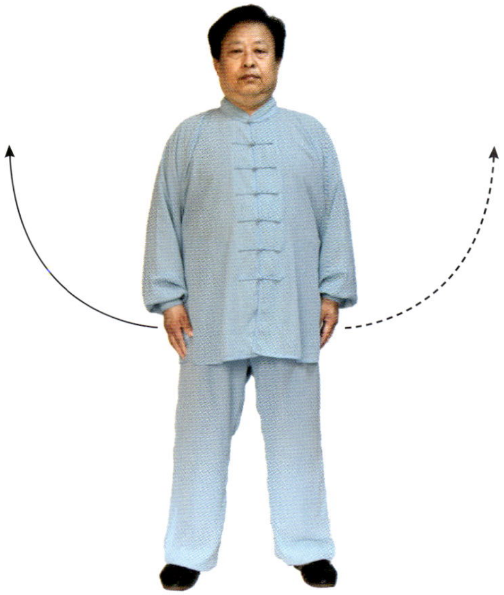

图 6-1

2. 金刚捣碓

动作与“筑基功－金刚捣碓”动作相同（图 6-2 ～图 6-4）。

图 6-2

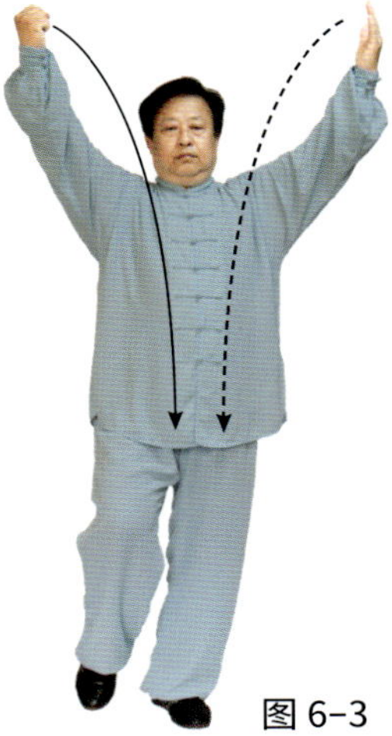

图 6-3

图 6-4

3. 撩挎捶

（1）右撩挎捶

动作一：重心移于左腿；腰左转；两手随转腰向左后侧摆，左手由掌变拳，拳心向左，拳眼向后，高与胯齐；右拳心向内，拳眼向后，高与腹齐；眼神顾及右脚跟（图 6-5）。

动作二：重心全部移于左腿坐实；腰右转；右脚提起收于左踝内侧，以脚尖点地；左拳随转腰向上抄，拳心向上，拳眼向后，高与肩平；右拳同时向上抬，拳心向下，拳眼向后，高与胸平；眼神顾及两拳向前平视（图 6-6）。

动作三：重心不变；右脚提起向前方迈出，以脚跟着地；腰右转；右臂横掤于胸前，拳心向下，拳眼朝内，高与胸平；左拳随转腰臂内旋弧形落于腰际，拳心向上，高与腰平；眼神顾及右臂向前平视（图 6-7）。

动作四：重心移于右腿，随着重心前移使全脚踏实，弓右腿，蹬左腿，成右弓步；腰右转；同时，右拳由胸前弧形向上掤，拳心向前，拳眼朝下，高过于头；左拳同时由胸前弧形向前击打，拳心向右，拳眼朝上；眼神顾及左拳向前平视（图 6-8）。

图 6-5

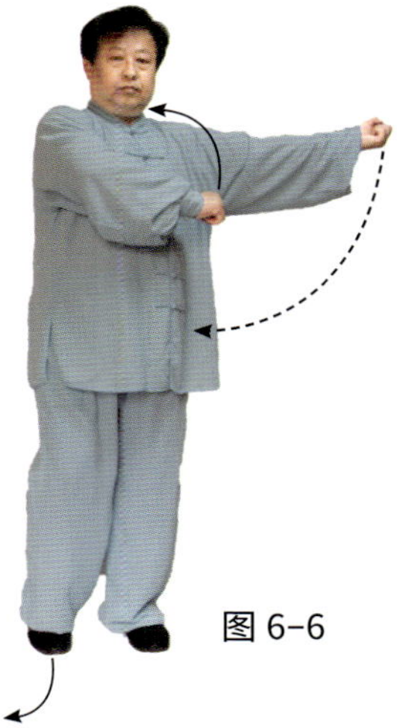
图 6-6

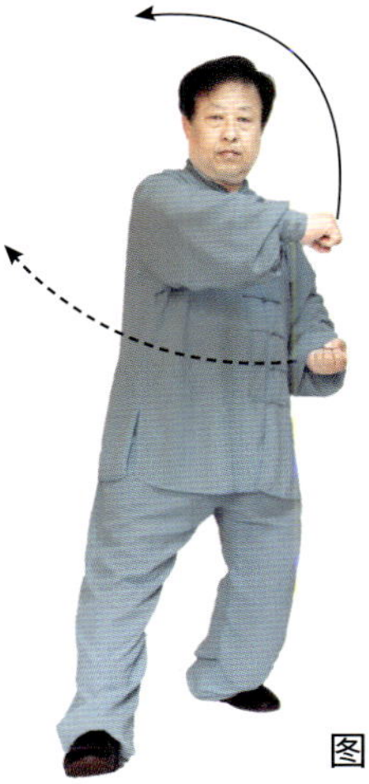
图 6-7

图 6-8

（2）左撩挎捶

动作一：重心移于右腿；腰右转；两拳随转腰向右后侧摆，右拳心向右，拳眼向后，高与胯齐；左拳眼向后，高与腹齐；眼神顾及左脚跟（图 6-9）。

动作二：重心全部移于右腿坐实；腰左转；左脚提起收于右踝内侧，以脚尖点地；右拳随转腰向上抄，拳心向上，拳眼向后，高与肩平；左拳同时向上抬，拳心向下，拳眼向后，高与胸平；眼神顾及两拳向前平视（图 6-10）。

动作三：重心不变；左脚提起向左侧迈出，以脚跟着地；腰左转；左臂横掤于胸前，拳心向下，拳眼朝内，高与胸平；右拳随转腰臂内旋弧形落于腰际，拳心向上，高与腰平；眼神顾及左臂向前平视（图 6-11）。

动作四：重心移于左腿，随着重心前移使全脚踏实，弓左腿，蹬右腿，成左弓步；腰左转；同时，左拳由胸前弧形向上掤，掌心向前，拳眼朝下；右拳同时由胸前弧形向前打，拳心向左，拳眼朝上；眼神顾及右拳向前平视（图 6-12）。

说明：

（1）连续完成“右撩挎捶”和“左撩挎捶”为 1 个循环，做 8 个循环。

（2）做第二个“右撩挎捶”动作一见图 6-12。

图 6-9

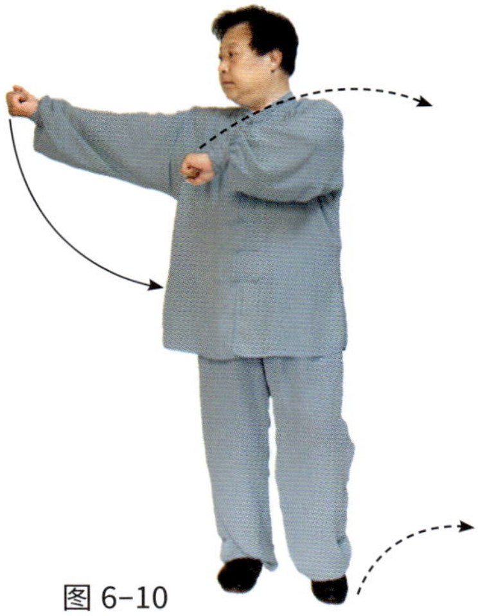

图 6-10

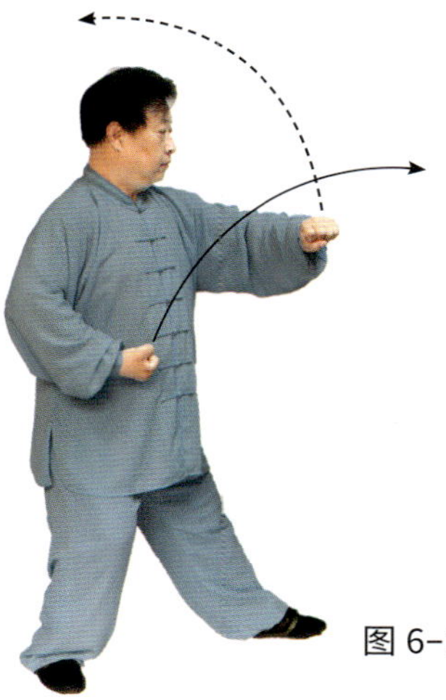

图 6-11

图 6-12

图 6-13

4. 收势

动作一：接第 8 个“左撩挎捶”动作四（图 6-13），将左脚内扣 90°踏实；同时，两手由拳变掌从左右两侧弧形平举，掌心向上，指尖各朝左右，高与肩平；眼向前平视（图 6-14）。

动作二：重心移于左腿坐实；右脚提于左踝内侧，脚尖自然下垂；两掌内旋收于胸前，掌心向下，指尖朝前，高与肩平；眼神顾及两掌向前平视（图 6-15）。

动作三：右脚下落与左脚平行，重心落于两脚；两手下按至两胯旁，掌心向下，指尖朝前，高与胯齐；眼向前平视（图 6-16）。

动作四：重心不变；两腕放松，还原为“预备势”（图 6-17）。

图 6-14

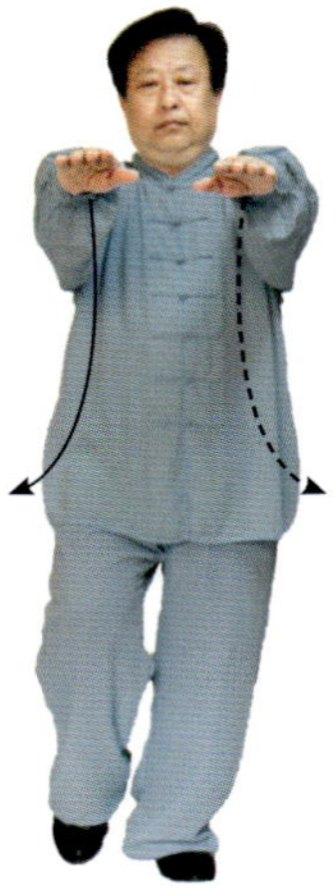
图 6-15

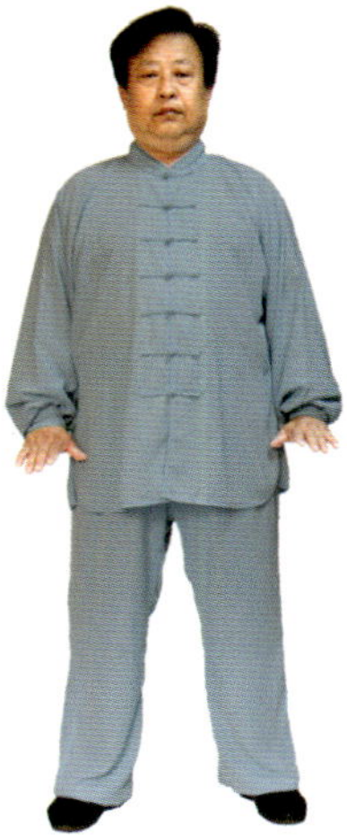
图 6-16

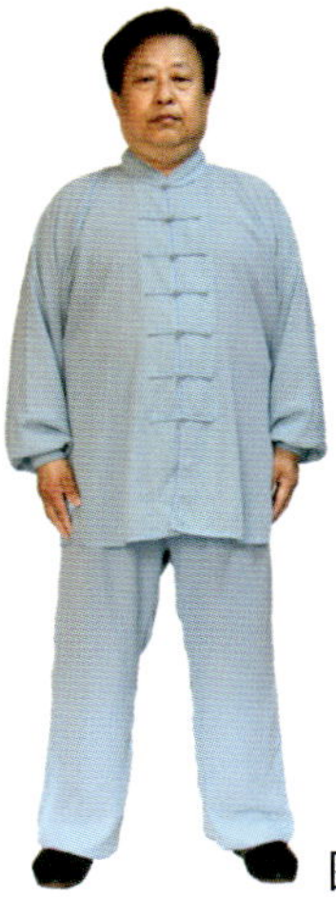
图 6-17

养 生

“撩挎捶”动作具有打通手太阳小肠经、任脉、带脉，保养三焦功能。对腹部小肠与胸、心、咽喉病症，某些热性病症，神经系统病症，以及头、面、颈、眼、耳病症都具有明显的调节作用。

1. 手太阳小肠经

手太阳小肠经为人体十二经脉之一，简称小肠经，手三阳经之一，与手少阴心经相表里。手太阳小肠经一侧 19 穴，左右两侧共 38 穴。

手太阳小肠经起于手小指尺侧端（少泽穴），沿手背尺侧，直上至腕部，出于手掌尺侧的腕骨穴，再向上沿前臂尺侧后缘，经尺骨鹰嘴与肱骨内上髁之间的小海穴，沿上臂外侧后缘，到达肩关节后面的肩贞穴，绕行肩胛部，交会于大椎穴，然后向前进入缺盆，深入体腔，络心，循咽下膈，抵胃，属小肠。其分支从缺盆出来，沿颈部上行到面颊，至目外眦后，折入耳中（听宫穴）。另一分支从面颊部分出，向上行于眼下，至目内眦（睛明穴），与足太阳膀胱经相接。全程贯穿手部、上肢外侧后缘、肩部、颈部、头面部，属小肠，络心，体现“分清泌浊”的功能特性，与人体的消化吸收及头面五官的感觉功能密切相关，是中医调理小肠病症、头面五官疾病及上肢局部问题的重要经络。

手太阳小肠经不通时容易导致以下病症：绕脐而痛、心翳闷、偏头痛、容易腹泻、手脚寒凉、吸收不良、虚浮肿胀、扁桃体炎、腮腺炎、肩周炎（五十肩）及肩膀酸痛。

手太阳小肠经堵塞还会影响人体精微物质的吸收，产生抵抗力下降、体质变弱等症状。当这条经络通畅时，气血会慢慢恢复，并且可以调理慢性肠炎、疝气等问题。因此，保持手太阳小肠经畅通非常重要，练习“撩挎捶”对手太阳小肠经进行抻拉，可打通手太阳小肠经，对以上症状有较明显的调节作用。

2. 任脉

任脉为人体奇经八脉之一。任脉单穴单名，共 24 穴，分布于面、颈、胸、腹的前正中线。

任脉起于小腹内，下出会阴，向上行于阴毛部，沿腹内向上经关元等穴，到达咽喉部，再上行环绕口唇，经过面部，止于承浆穴（下颌正中）。任脉为“阴脉之海”，总任一身之阴经，调节阴经气血，与女子妊娠相关，故有“任主胞胎”之说。其循行部位的穴位常用于调理月经不调、痛经、带下等妇科疾病，以及泌尿生殖系统病症和消化系统病症等。

任脉不通，主要表现为泌尿生殖系统疾病，如小腹痛、疝气、带下、月经不调、不育、小便不利、遗尿、遗精、阴中痛、癥瘕积聚等。

任脉不通可练习“双栽捶”“飞仙掌”“飞仙捶”“撩挎捶”抻拉动作来调理打通任脉。

3. 带脉

带脉为人体奇经八脉之一。带脉起于季胁，斜向下行到带脉穴，横向绕腰腹一周，如束带环腰，带脉能“约束诸经”，调节脉气，使纵行经脉气血循行保持常度。当带脉功能失常时，可出现腹部胀满、腰腹疼痛、带下病等。

带脉与肾脏神经系统有关，故带脉强健可以固精、强肾、壮阳。带脉作为唯一横向运行的经脉，对纵行经脉具有约束作用。带脉一旦堵塞，就会造成身体多条经络都堵在腰腹处。

带脉不通可练习“双栽捶”“飞仙掌”“飞仙捶”“撩挎捶”，通过反复抻拉刺激来调理打通带脉。

4. 三焦

三焦是六腑之一，分为上、中、下三部分，共同维持人体生命活动。上焦（横膈以上）包含心肺，主司呼吸和气血输布；中焦（横膈至脐）涵盖脾胃肝胆，负责消化吸收和能量转化；下焦（脐以下）包括肾与肠膀胱，主管水液代谢和废物排泄。作为元气运行的主要通道，三焦将肾中元气输布全身，同时协调水液代谢。若三焦功能失调，上焦可见咳喘胸闷，中焦易现腹胀纳差，下焦多现水肿便溏。保持三焦通畅是维持气血水液正常运行的关键。

从古至今保养三焦首选练习八段锦。练习“双栽捶”“飞仙掌”“飞仙捶”“撩挎捶”保养三焦效果甚为显著。

功 用

接手，击面、胸、肋、胁手法。

七 插花盖顶

动作讲解

1. 预备势

动作与“筑基功 - 预备势”动作相同（图 7-1）。

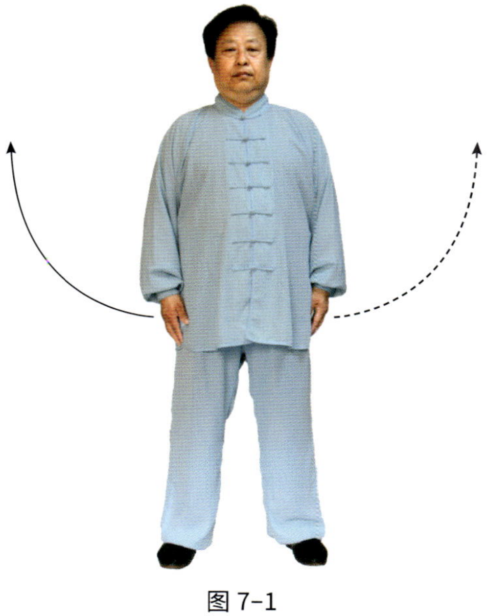

图 7-1

2. 金刚捣碓

动作与“筑基功－金刚捣碓”动作相同（图 7-2 ～图 7-4）。

图 7-2

图 7-3

图 7-4

3. 插花盖顶

（1）右插花盖顶

动作一：重心不变，成站立姿势；两手外旋由左右两侧弧形向上举起，右手随举起由拳变掌，两手掌心向上，指尖各朝左右，高与肩平；眼向前平视（图 7-5）。

动作二：右脚提起向右横跨一步，成马步；同时，两手由面前向下砸，两掌心朝上，指尖向对，高与腹齐；眼向前平视（图 7-6）。

动作三：重心不变；两掌内旋弧形向上托举，掌心向上，指尖相对，高过头顶；眼向前平视（图 7-7）。

动作四：重心移于右腿坐实，成右侧弓步；左手随移重心臂外旋向左侧分，掌心向上，指尖朝左，高与肩平；右掌动作不变；头左转，眼神顾及左掌向左平视（图 7-8）。

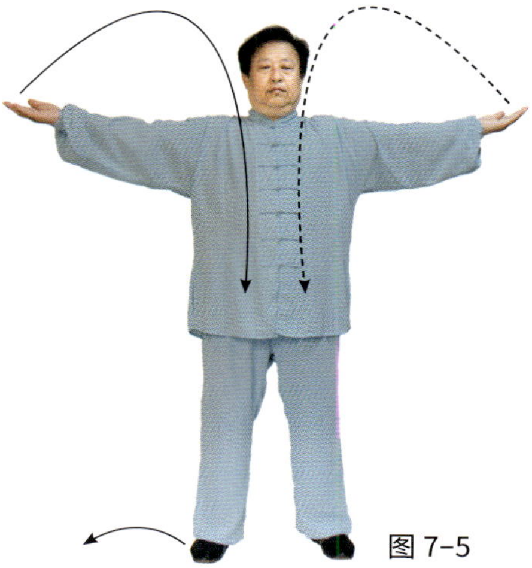

图 7-5

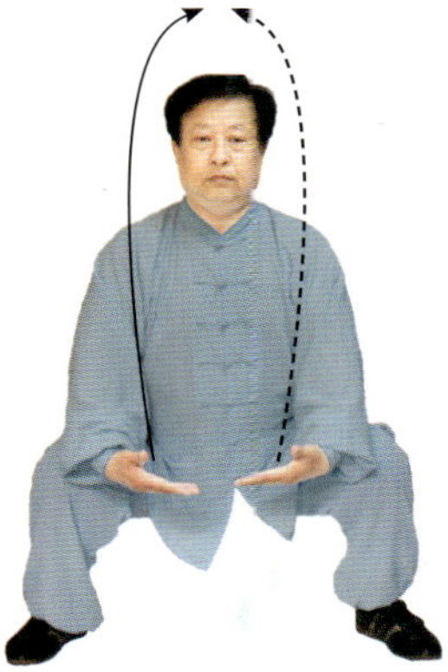

图 7-6

图 7-7

图 7-8

动作五：重心移于左腿坐实，成左侧弓步；左手随移重心臂内旋收于头顶上，掌心向上，指尖朝右；同时，右掌随移重心臂外旋向右侧分，掌心向上，指尖朝右，高与肩平；头右转，眼神顾及右掌向前平视（图 7-9）。

动作六：成站立姿势，重心全部移于左腿，右脚提起收于左踝内侧，脚尖自然下垂；两手收于胸前，掌心向下，指尖朝前，高与肩平；眼向前平视（图 7-10）。

动作七：右脚落下与左脚平行，成开立步，重心落于两脚；两手弧形下按于两胯旁，掌心向下，指尖朝前，高与胯齐；眼向前平视（图 7-11）。

图 7-9

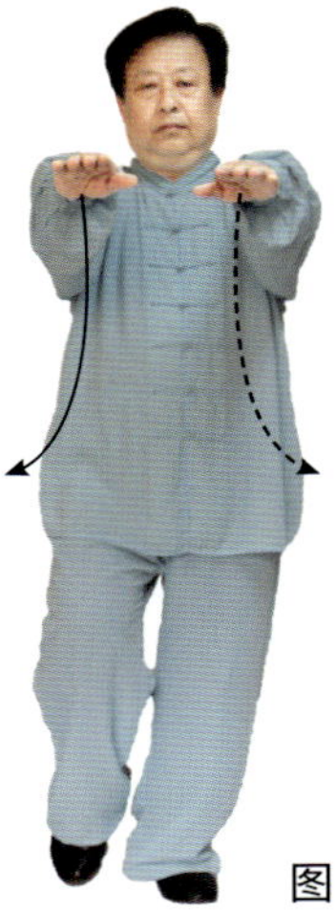

图 7-10

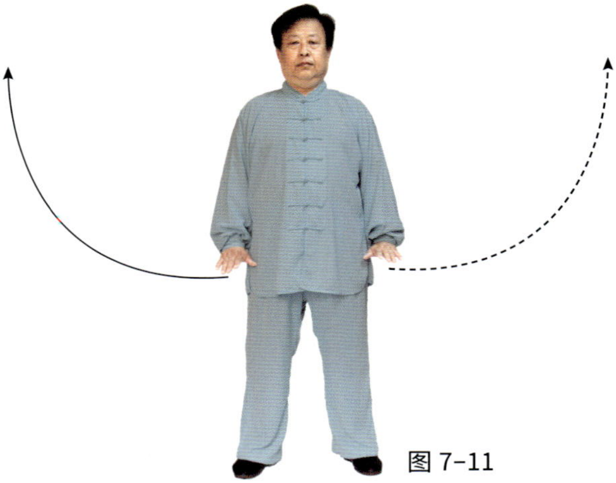

图 7-11

（2）左插花盖顶

动作一：重心不变；两手外旋由左右两侧弧形向上举起，掌心向上，指尖各朝左右，高与肩平；眼向前平视（图 7-12）。

动作二：左脚提起向左横跨一步，成马步；同时，两手由面前向下砸，两掌心朝上，指尖向对，高与腹齐；眼向前平视（图 7-13）。

动作三：重心不变；两掌内旋弧形向上托举，掌心向上，指尖相对，高过头顶；眼向前平视（图 7-14）。

图 7-12

图 7-13

图 7-14

动作四：重心移于左腿坐实，成左侧弓步；右手随移重心臂外旋向右侧分，掌心向上，指尖朝右，高与肩平；左掌动作不变；头右转，眼神顾及右掌向右平视（图 7-15）。

动作五：重心移于右腿坐实，成右侧弓步；右手随移重心臂内旋收于头顶上，掌心向上，指尖朝左；同时，左掌随移重心臂外旋向左侧分，掌心向上，指尖朝左，高与肩平；头左转，眼神顾及左掌向左平视（图 7-16）。

动作六：成站立姿势，重心全部移于右腿，左脚提起收于右踝内侧，脚尖自然下垂；两手收于胸前，掌心向下，指尖朝前，高与肩平；眼向前平视（图 7-17）。

图 7-15

图 7-16

图 7-17

动作七：左脚落下与右脚平行，成开立步，重心落于两脚；两手弧形下按于两胯旁，掌心向下，指尖朝前，高与胯齐；眼向前平视（图 7-18）。

说明：连续完成“右插花盖顶”和“左插花盖顶”为 1 个循环，做 8 个循环。

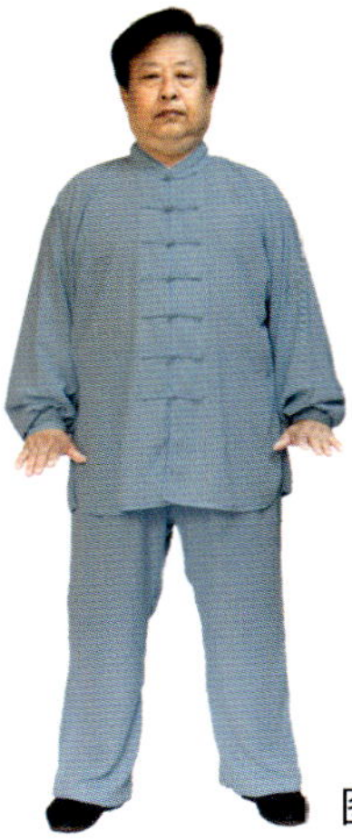

图 7-18

4. 收势

动作：重心不变；两腕放松，还原为“预备势”（图 7-19）。

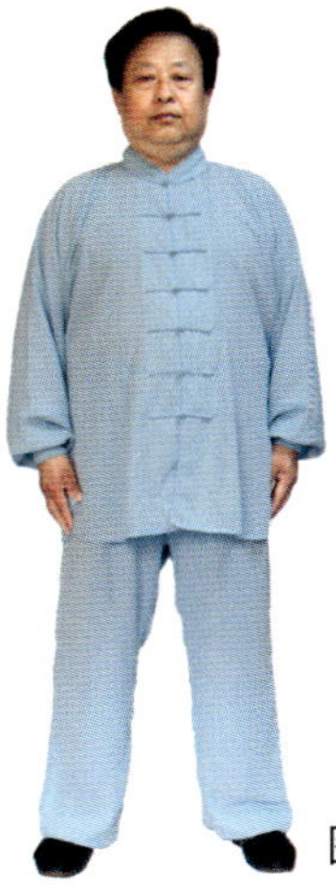

图 7-19

养 生

“插花盖顶”动作能打通足少阴肾经和冲脉。对前阴、肾、肺、咽喉等部位的病症有显著调理作用。

1. 足少阴肾经

足少阴肾经为人体十二经脉之一，简称肾经。足少阴肾经一侧 27 穴，左右两侧共 54 穴。单侧其中 10 穴分布于下肢内侧面的后缘，其余 17 穴位于胸腹部任脉两侧。

足少阴肾经起于足小趾下，斜行于足心（涌泉穴），出行于舟骨粗隆之下，沿内踝后，分出进入足跟部，向上沿小腿内侧后缘，至腘窝内侧，上股内侧后缘入脊内（会于长强穴），穿过脊柱，属肾，络膀胱 。其直行主干从肾上行，穿过肝和膈肌，进入肺，沿喉咙，到舌根两旁 。其分支从肺中分出，络心，注于胸中，与手厥阴心包经相接 。全程贯穿足部、下肢内侧后缘、腹部、胸部，属肾，络膀胱，体现 “藏精、主水、纳气” 等功能，与人体的生殖、发育、水液代谢及呼吸功能等密切相关，是中医调理肾脏病症、生殖系统疾病、泌尿系统疾病及呼吸系统疾病等的重要经络 。

足少阴肾经发生瘀滞，便会引发各种不适的症状。如面部黧黑，失去光泽；口干舌燥，喉咙肿痛；站起身时头晕、食欲减退，心窝处有无力感；下痢、容易疲劳；背、脚内侧冰冷，脚底、脚尖发热，倦怠乏力，腰痛，精力衰退，精神萎靡。

肾是人的先天之本，人生三宝“精、气、神”，精为人之根本，为肾所藏，肾属水，乃藏精之府，它不仅决定了人的寿命长短，还收藏着生殖之经血和五脏六腑的精微。肾在体主骨，骨髓通于大脑，同时肾收藏的精又能促进骨髓再生。所以，肾精充足，人的肢体就会健壮有力，神清气爽，精力充沛。

人的健康、生活质量的好坏都与肾脏紧密相连，所以保养足少阴肾经至关重要。一旦足少阴肾经不通，可练习“插花盖顶”对足少阴肾经反复抻拉刺激打通。

2. 冲脉

冲脉是人体奇经八脉之一。冲脉能调节十二经气血，故称为十二经脉之海。

冲脉起于小腹内（胞中），下出会阴，于气街穴处与足少阴肾经相并，挟脐上行，散布于胸中，再向上行，经咽喉，环绕口唇。另有分支从气街下行，沿大腿内侧进入腘窝，再沿小腿内侧下行至足底；又有分支从内踝后分出，向前斜入足背，进入大趾。冲脉为“十二经脉之海”，能调节十二经气血，与女子月经及生殖功能密切相关。当冲脉气血失调时，可出现月经不调、不孕、崩漏等病症。

冲脉、任脉、督脉这三条经脉的经气同起于胞中，任脉主管人体全身之血，督脉主管人体全身之气，冲脉是所有经脉的主管。要经常对任脉、督脉、冲脉进行保养，使其畅通，不要等到出现问题后再去看医生。练习“插花盖顶”能对冲脉抻拉保养。因为冲脉是人体所有经脉的主管，所以说，对冲脉进行保养就是对全身经脉的加强。保养冲脉最好要选在酉时（17 ～ 19 点），因为这个时候正是足少阴肾经当令。元气藏于肾，元气是人天生带来的，也就是所谓“人活一口气”。所以人到一定年龄阶段都讲究补肾，而身体自有一套系统，经脉要是不通畅的话，吃多少补品都没用，补不进去。所以说保养冲脉选在足少阴肾经当令最佳。

此外，“插花盖顶”动作中，通过头的左转右旋也对入颈椎的六条经脉（督脉、膀胱经、三焦经、小肠经、大肠经、胆经）进行按摩保养，使颈椎和入颈椎的六条经脉更为健康。

功　用

接手、托槽、击胸手法。

八 哪吒探海

动作讲解

1. 预备势

动作与“筑基功－预备势”动作相同（图 8-1）。

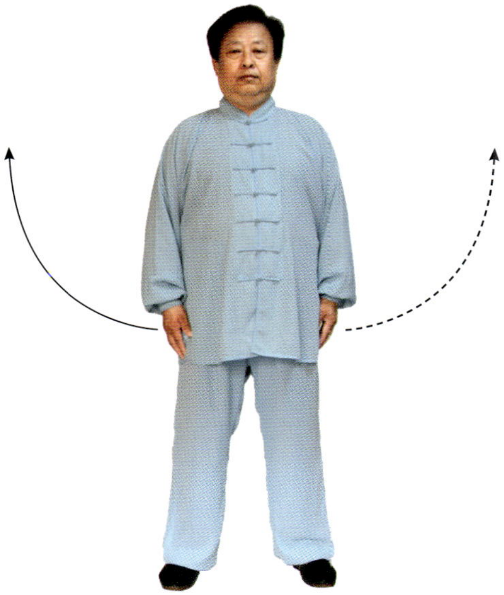

图 8-1

2. 金刚捣碓

动作与“筑基功－金刚捣碓”动作相同（图 8-2 ～图 8-4）。

图 8-2

图 8-3

图 8-4

3. 哪吒探海

（1）右哪吒探海

动作一：重心不变，成站立姿势；两手由左右两侧向上平举，右手随举起由拳变掌，两手掌心向上，高与肩平；眼向前平视（图 8-5）。

动作二：右脚提起向右横跨一步，蹲成马步。同时，两掌随屈膝下蹲弧形由胸前向下插，两掌心相对，指尖向下，下蹲幅度因人而异，不必勉强；眼向前平视（图 8-6）。

动作三：重心不变；两腿起立；同时，两掌外旋由左右两侧向上平举，掌心向上，指尖各朝左右，高与肩平；眼向前平视（图 8-7）。

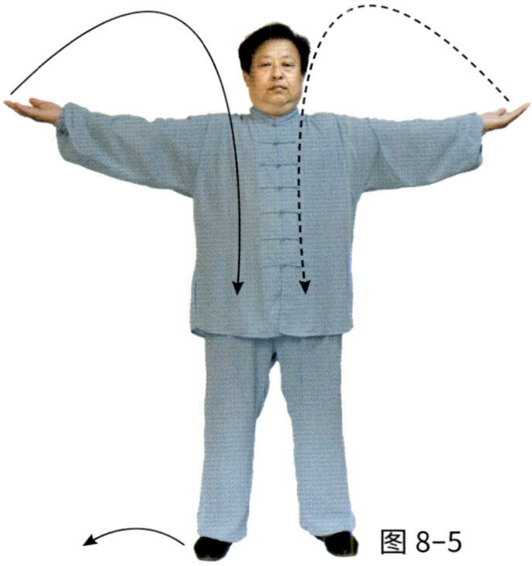
图 8-5

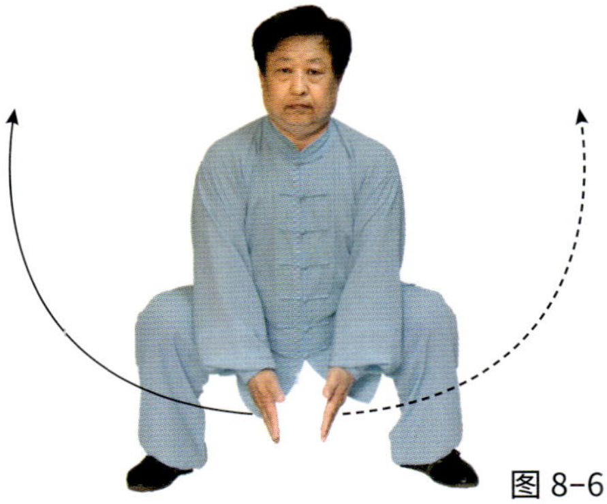
图 8-6

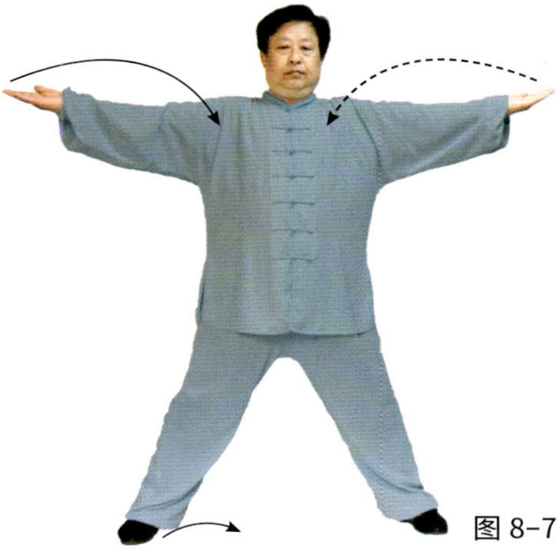
图 8-7

动作四：重心全部移于左腿；右脚提起，脚尖自然下垂，两手收于胸前，掌心向下，指尖朝前，高与肩平；眼向前平视（图 8-8）。

动作五：右脚落下与左脚平行，成开立步，重心落于两脚；两手弧形下按于两胯旁，掌心向下，指尖朝前，高与胯齐；眼向前平视（图 8-9）。

图 8-8

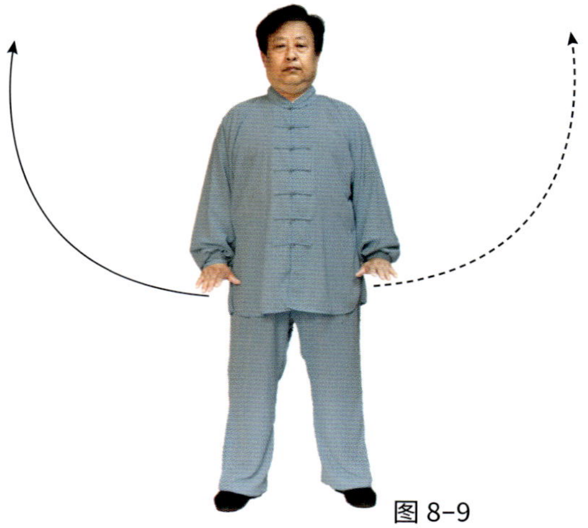

图 8-9

（2）左哪吒探海

动作一：重心不变；两手由左右两侧向上平举，掌心向上，高与肩平；眼向前平视（图 8-10）。

动作二：左脚提起向左横跨一步，蹲成马步。同时，两掌随屈膝下蹲弧形由胸前向下插，两掌心相对，指尖向下，下蹲幅度因人而异，不必勉强；眼向前平视（图 8-11）。

动作三：重心不变；两腿起立；同时，两掌外旋由左右两侧向上平举，掌心向上，指尖各朝左右，高与肩平；眼向前平视（图 8-12）。

动作四：重心全部移于右腿；左脚提起，脚尖自然下垂，两手收于胸前，掌心向下，指尖朝前，高与肩平；眼向前平视（图 8-13）。

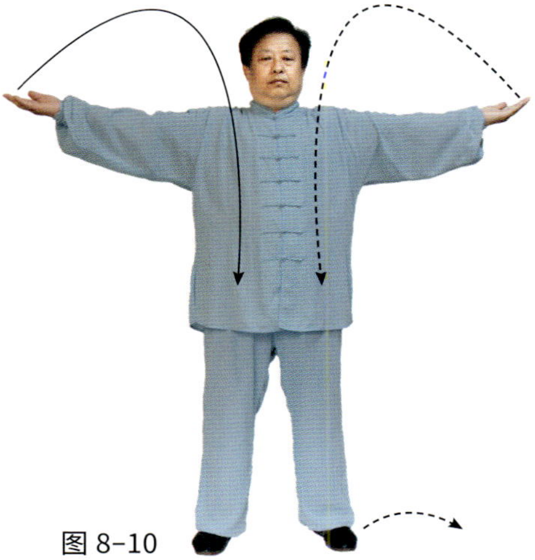
图 8-10

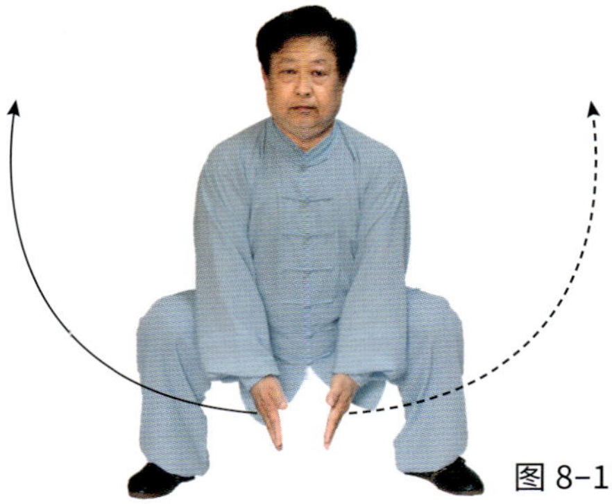
图 8-11

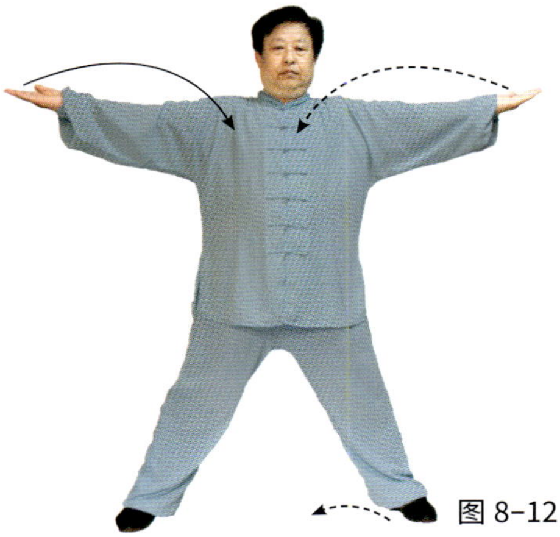
图 8-12

图 8-13

动作五：左脚落下与右脚平行，成开立步，重心落于两脚；两手弧形下按于两胯旁，掌心向下，指尖朝前，高与胯齐；眼向前平视（图 8-14）。

说明：连续完成“右哪吒探海”和“左哪吒探海”为 1 个循环，做 8 个循环。

4. 收势

动作：重心不变；两腕放松，还原为“预备势”（图 8-15）。

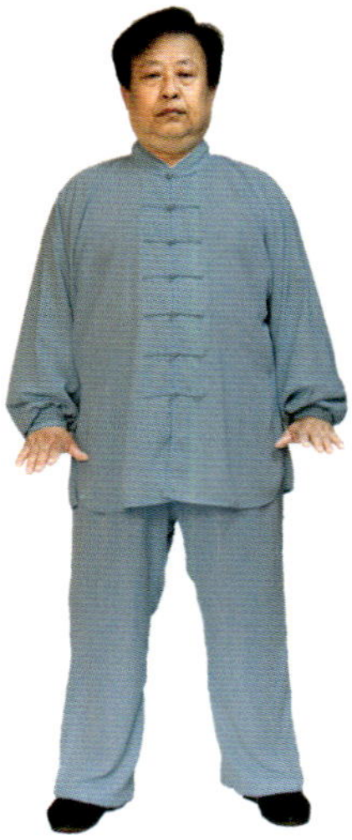
图 8-14

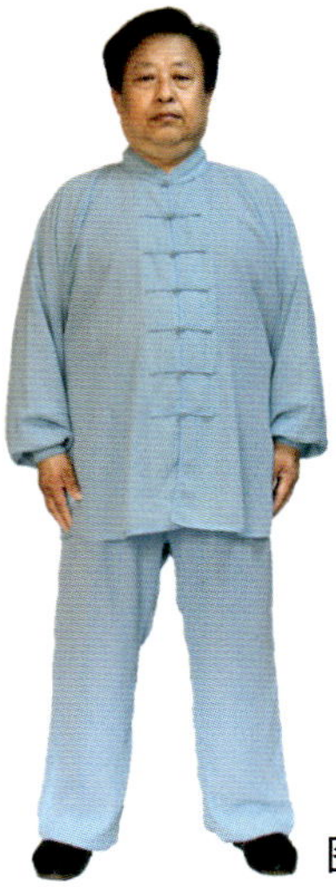
图 8-15

养 生

“哪吒探海”动作能打通手阳明大肠经、阳维脉、阴维脉。对胃、肠、眼、耳、口、鼻、咽喉等部位，以及神经、精神方面的病症都有显著的调理作用。

1. 手阳明大肠经

手阳明大肠经为人体十二经脉之一，简称大肠经，与手太阴肺经相表里。手阳明大肠经一侧 20 穴，左右两侧共 40 穴。

手阳明大肠经起于食指桡侧端（商阳穴），经过手背行于第 1、2 掌骨之间，向上进入两筋（拇长伸肌腱与拇短伸肌腱）之间的凹陷处，沿前臂外侧前缘，至肘部外侧，再沿上臂外侧前缘上行，至肩峰前，向上交会于大椎穴，再向下进入缺盆，络肺，属大肠。其分支从缺盆上走颈部，经过面颊，进入下齿龈，回出挟口两旁，左右交叉于人中，至对侧鼻翼旁（迎香穴），与足阳明胃经相接。全程贯穿手部、上肢外侧前缘、肩部、颈部、头面部，属大肠，络肺，体现“传导糟粕”的功能特性，与人体的消化排泄及头面五官的健康密切相关，是中医调理大肠病症、头面五官疾病及上肢局部问题的重要经络。

手阳明大肠经和手太阴肺经关系非常密切。肺系患疾时，以手阳明大肠经上的曲池穴为治疗点，是经常使用的疗法。手阳明大肠经发生异常时，会有牙痛、鼻塞、口干渴、咽肿等症状出现。若压迫肩膀至手臂之部位时，亦会有疼痛感。因为肺机能不好，所以皮肤会出现苍白干燥、失去光泽的现象，有精神不安定、容易焦躁的倾向。压迫腹部的肚脐两侧及腰部时，会产生疼痛感。身体出现以上所述的症状时，可练习“哪吒探海”，对手阳明大肠经进行抻拉刺激，使症状得以减轻，身体也会感到轻快。

中医讲肺主皮毛，肺与大肠相表里，肺的浊气不能及时排出会直接通过大肠排泄，肺功能减弱，体内毒素便会在大肠经淤积，从而出现脸上起痘、身上起湿疹等问题，通过练习“哪吒探海”进行抻拉刺激，也可以对手阳明大肠经起到较好的调节作用，把瘀毒排泄出去。

每天坚持练习“哪吒探海”可以保持大肠经气血的旺盛通畅，大肠经通畅了，大肠的功能也就好了，排泄自然正常，而且还可以很好地减少人体毒素。

手阳明大肠经气血最旺的时间段是 5 ～ 7 点，这个时候抻拉刺激手阳明大肠经效果最好。

2. 阳维脉

阳维脉是人体奇经八脉之一，“维”有维系联络之意，阳维脉有维系人身阳经的功能，与阴维脉共同起溢蓄气血的作用。

阳维脉起于足外踝下的金门穴，向上沿小腿外侧，经腓骨后缘，过膝关节外侧，沿大腿外侧后缘上行，至髋关节部，与足少阳胆经并行，沿胁肋后侧，从腋后上肩，经颈部外侧，上挟口角，到达目内眦，与足太阳膀胱经、阳跷脉会合，再经额角（头维穴）折向耳后，与足少阳胆经会合于项后风池穴，最终归于督脉风府穴 。阳维脉维系诸阳经，主一身之表，当阳维脉出现病变时，可表现为恶寒发热等表证 。

阳维脉联络各阳经以归于督脉，阴维脉联络各阴经以归于任脉，当阳维脉经气出现异常，阴阳失去协调时就成病象。

每天坚持练习“哪吒探海”的下蹲动作对阳维脉进行抻拉，不但可以对阳维脉起到保养作用，还可以起到对阳维脉与足太阳膀胱经、手少阳三焦经、手阳明大肠经、手太阳小肠经、足少阳胆经、足阳明胃经、督脉所交会的诸阳经脉刺激保养作用，使诸阳经旺盛通畅，增强免疫力。

3. 阴维脉

阴维脉为人体奇经八脉之一，有 14 穴。

阴维脉起于足内踝上五寸的筑宾穴，沿小腿内侧后缘上行，经冲门、府舍穴入腹，与足太阴脾经、足少阴肾经并行，上行至胸部，与任脉会合 。阴维脉维系诸阴经，主一身之里，若阴维脉气血不畅，可出现心胸、脘腹疼痛等里证 。

阴维脉有维系全身阴脉的作用，与阳维脉共同调节溢蓄全身的气血。其病变主要表现为心痛、胃痛、胸腹痛等。

每天坚持练习“哪吒探海”，由下蹲向上站起动作对阴维脉进行抻拉，不但可以对阴维脉起到保养作用，同时，可以维护与调节人体内外阴液平衡。练习“哪吒探海"，由下蹲向上站起的同时两臂外旋向上平举，对手厥阴心包经的内关穴也起到抻拉刺激作用，内关穴与阴维脉脉气相通。内关穴为人体手厥阴心包经上的重要穴位之一，是多种疾病按摩治疗时的首选穴位。

功 用

脱手、撞钟、抱腿摔手法。

附录　经脉图

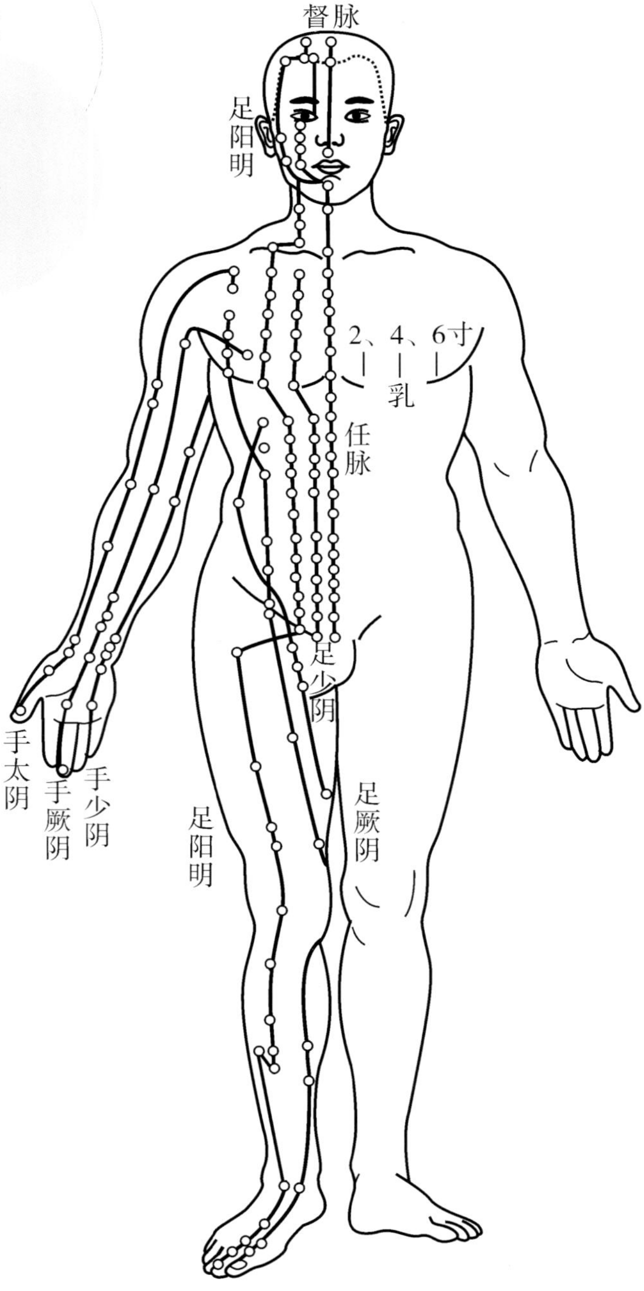

十二经脉外形线分布（正面）

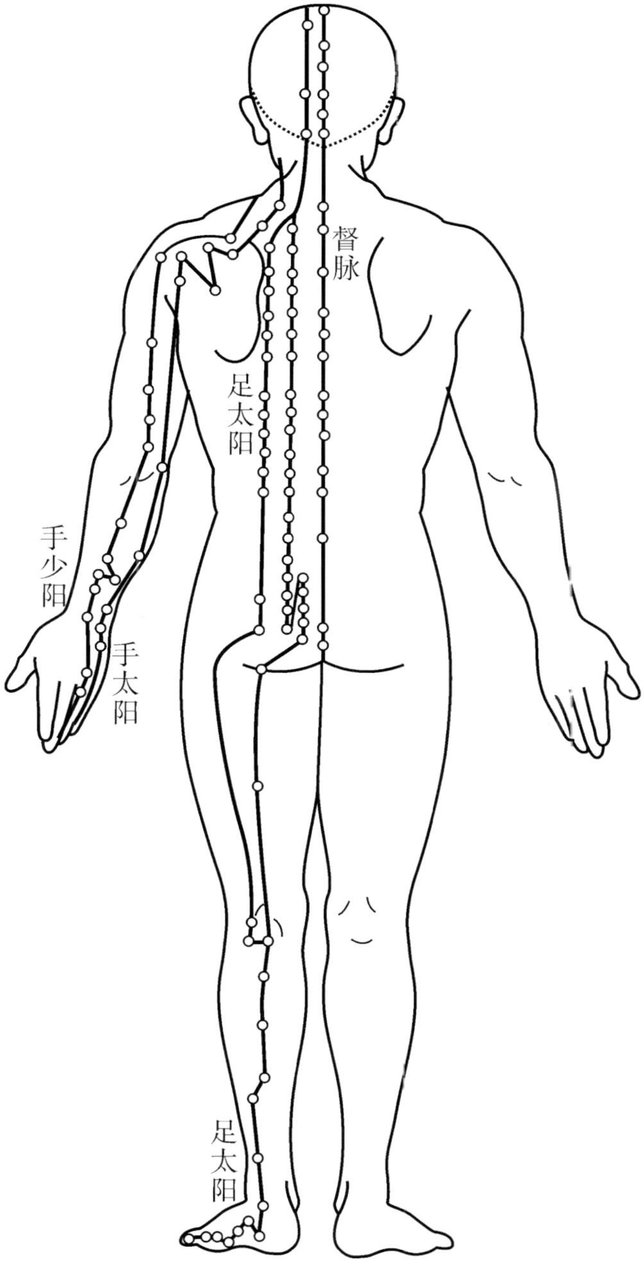

十二经脉外形线分布（反面）

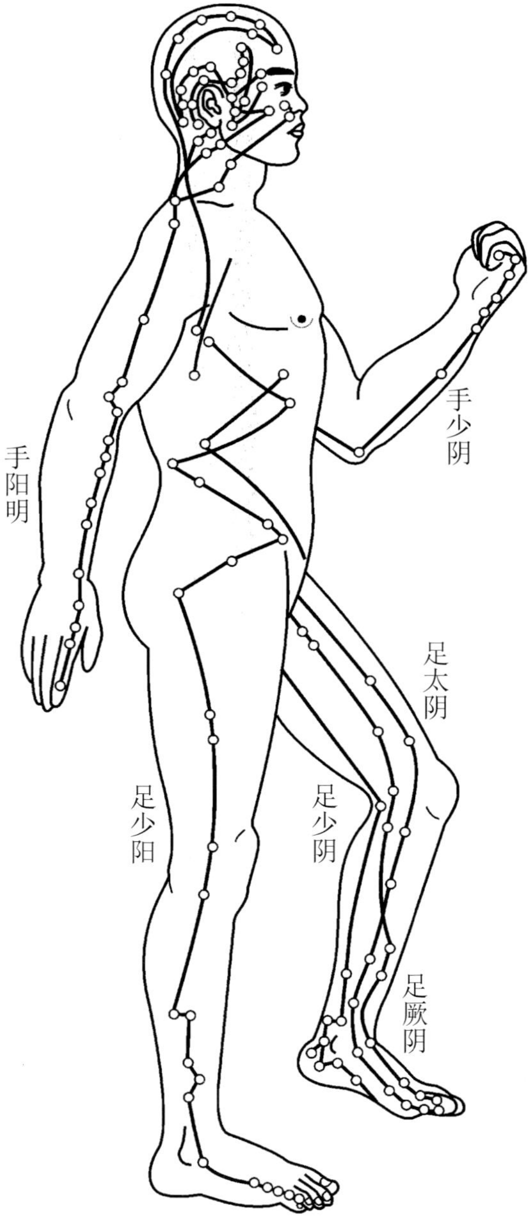

十二经脉外形线分布（侧面）